LA
SORCELLERIE

PAR

CH. LOUANDRE

———⋄⊰⊱⋄———

PARIS

LIBRAIRIE DE L. HACHETTE ET Cie

RUE PIERRE-SARRAZIN, Nº 14

—

1853

LA
SORCELLERIE.

I.

C'est une croyance universelle, et pour ainsi
dire une tradition native du genre humain, que
l'homme, à l'aide de certaines formules et de certaines pratiques, empruntées tantôt à la religion,
tantôt à la science, peut changer les lois éternelles
de la nature, soumettre à sa volonté les êtres invisibles, s'élever au-dessus de sa propre faiblesse, et
acquérir la connaissance absolue et la puissance
sans limites. Ces dons supérieurs auxquels il aspire, il les demande indistinctement aux éléments,
aux nombres, aux astres, aux songes, au principe
éternel du bien comme au génie du mal, aux
anges, à Satan. Égaré par son orgueil, il crée toute

une science en dehors de l'observation positive ; et, pour régner en maître absolu sur la nature, il outrage à la fois la religion, la raison et les lois. Cette science, c'est la magie, qui se divise, suivant les temps et les lieux, en une infinité de branches : cabale, divination, nécromancie, géomancie, philosophie occulte, philosophie hermétique, astrologie, etc., science empoisonnée dans sa source, qui se résume, au moyen âge, dans la sorcellerie, et qui, toujours maudite, toujours combattue par les lois de l'Église et de la société, reparaît toujours impuissante et convaincue.

La Bible parle à diverses reprises, et partout avec sévérité, des hommes ou des femmes qui se livrent à la magie. « Il ne se trouvera parmi vous, est-il dit dans le *Deutéronome*[1], personne qui fasse passer par le feu son fils ou sa fille, qui professe la divination ou qui prédise les temps ; ni enchanteur, ni sorcière, ni personne qui consulte des esprits familiers, ou qui soit magicien ou nécromancien. » Les mêmes défenses se retrouvent dans le *Lévitique*, et l'évocation de l'ombre de Samuel par la pythonisse d'Endor, les prodiges opérés par les magiciens de Pharaon, les accusations portées contre Manassès, prouvent que les pratiques des œuvres occultes n'étaient point étrangères aux Is-

---

1. Chap. XXIII, v. 10-11.

raélites. Ces faits ont donné lieu à un grand nombre de commentaires. Quant à nous, nous nous
bornerons seulement à les constater ici, en ajoutant que la plupart des commentateurs ont remarqué que rien n'indique qu'il y ait eu chez les Juifs,
comme au moyen âge, entre le démon et les
sorciers, un pacte réel. Satan, dans la tradition
sacrée, n'est jamais ce qu'il fut plus tard, l'esclave
obéissant de l'homme; il ne sert point ses passions
et ses vices; et, comme le dit Bergier, si les faits
surnaturels dont il est parlé dans l'Ancien Testament doivent être attribués aux démons, il faut en
conclure seulement que Dieu consentait à ce que
l'esprit infernal les opérât, soit pour faire éclater
sa puissance, en opposant aux prodiges des magiciens d'autres prodiges plus nombreux et plus
étonnants, soit pour punir les hommes de leur curiosité superstitieuse. Satan reste soumis à la volonté divine. Quand il étrangle, dans la chambre
nuptiale, les sept premiers maris de Sara; quand
il fait tomber le feu du ciel sur les troupeaux de
Job, quand il déchaîne l'ouragan contre sa maison, il n'agit jamais qu'avec la permission de Dieu,
et Dieu lui permet d'agir pour éprouver son fidèle
serviteur et faire briller sa foi et sa vertu d'un plus
grand éclat.

Ainsi, entre la magie et le rôle de Satan dans
l'Écriture, et la magie et le rôle de Satan dans le

moyen âge, il y a cette différence essentielle et profonde que, d'un côté, le démon n'est jamais qu'un vaincu qui n'agit que par la permission de Dieu, qui reste entièrement indépendant de l'homme, et qui, dans la sphère même la plus redoutable de son action, n'est encore que l'instrument docile du souverain maître. Dans la sorcellerie, au contraire, le démon est asservi à la volonté de l'homme ; il se met au service de ses haines, de ses passions. Il se révolte de nouveau contre Dieu, et semble vouloir faire retourner le monde à l'antique idolâtrie. Cette distinction, nettement établie, et sans toucher davantage aux questions qui sont placées par la foi en dehors de la discussion, nous allons marcher à notre aise à travers le rêve et la légende, en nous attachant toujours à porter, autant que possible, l'ordre et la clarté au milieu de ce chaos et de ces ténèbres, et en établissant des classifications rationnelles dans ce sujet, où la plupart des historiens qui l'ont traité marchent au hasard, comme dans un véritable labyrinthe.

II.

De la magie dans l'antiquité. — Elle se divise en deux branches, la théurgie et la goétie. — La théurgie se confond avec
la religion. — Ses rites et ses formules. — La goétie se rapproche de la sorcellerie du moyen âge. — Elle est essentiellement malfaisante. — Ses pratiques et ses recettes. — Conjurations des sorciers égyptiens.— Circé, Canidie et Sagone.
Les sorcières de la Thessalie. — Le spectre du temple de
Pallas. — Maléfices et talismans païens. — Lois de l'antiquité
relatives aux magiciens et aux sorciers.

Les écrivains de l'antiquité, historiens ou poëtes,
sont remplis de nombreux témoignages qui attes-
tent l'importance de la magie et de la sorcellerie
dans le monde païen. Dans l'Inde, ces prétendues
sciences se confondent constamment avec la religion; on les retrouve en Égypte, en Thessalie et
en Chaldée, dans la Grèce et à Rome. Quelques-uns
des écrivains anciens, grecs ou romains, qui parlent de la magie la divisent en deux branches distinctes : l'une, théurgique, qui relève uniquement
de la religion et de la science, et qui ne cherche
que le bien; l'autre, goétique, qui n'agit que par
l'intermédiaire des génies malfaisants ou des dieux
infernaux, et qui ne cherche que le mal. Ces deux
branches, de même qu'elles ont un but et un esprit différents, procèdent également par des moyens
opposés.

Dans la théurgie, le cérémonial est grave et sérieux. La première condition imposée à ceux qui la pratiquent, c'est la pureté. Ils ne doivent point se nourrir de choses qui aient vécu : ils doivent éviter tout contact avec les cadavres ; dans leurs invocations, ils ne s'adressent qu'aux génies bienfaisants, à ceux qui veillent au bonheur des hommes. Les herbes, les pierres, les parfums, étant chacun le symbole particulier d'une divinité, le théurgiste les offrait aux dieux qu'il voulait se rendre favorables ; mais pour que l'opération réussît, il devait nommer tous les dieux et présenter à chacun d'eux l'offrande qui lui était agréable : « Une corde rompue, dit Jamblique, dérange toute l'harmonie d'un instrument de musique ; ainsi une divinité, dont on a oublié le nom ou à laquelle on n'a point présenté la pierre, l'herbe ou le parfum qui lui plaît, fait manquer le sacrifice. » La théurgie, comme la religion, avait des initiations, de grands et de petits mystères : on en attribuait l'invention à Orphée, qui était considéré comme le plus ancien des magiciens. Cette science ne changeait rien aux idées que la théogonie païenne se formait des dieux, et toutes deux suivaient les mêmes rites pour arriver aux mêmes résultats.

Il n'en était pas de même de la magie goétique, qui s'adressait aux divinités malfaisantes ou à celles qui présidaient aux passions. Cette magie avait un

appareil sombre ; elle cherchait pour ses opérations les lieux souterrains, les herbes vénéneuses,
les ossements des morts, les plus redoutables imprécations, et n'agissait que pour nuire. Du reste, la
distinction entre les deux sciences était fort difficile
à maintenir ; et si quelques esprits supérieurs ont
tenté, en se ralliant à la théurgie, d'en faire l'auxi-
liaire des cultes païens dans ce qu'ils avaient d'aspirations spiritualistes, la foule ne tint jamais
compte des différences. La théurgie et ses mystères
restèrent à l'état de doctrines occultes ; et la goétie, comme la sorcellerie du moyen âge, dont elle
est l'aïeule directe, tenta comme elle de s'emparer
du monde et d'assurer à l'homme l'entière satis-
faction de tous ses penchants, de toutes ses passions, de tous les désirs de ses sens, de toutes les
ambitions de son esprit. Comme la sorcellerie,
elle procédait, par des conjurations et par une
foule de pratiques absurdes ou minutieuses à l'aide
desquelles elle espérait asservir les dieux, les êtres
du monde supra-sensible, les éléments, les astres,
et toutes les forces vives de la nature. Porphyre
nous a conservé les formules de conjurations des
magiciens égyptiens : ces magiciens s'adressaient
au soleil, à la lune, aux astres. Ils leur disaient
que, s'ils ne se prêtaient point à leurs désirs, ils
bouleverseraient la voûte du ciel, qu'ils découvri-
raient les mystères d'Isis, qu'ils exposeraient ce

qui était caché dans l'intérieur du temple d'Aby-
dos, qu'ils arrêteraient la course du vaisseau de
l'Égypte ; et que, pour plaire à Typhon, ils dis-
perseraient les membres d'Osiris. Les enchanteurs
de l'Inde procédaient de même par la menace et
l'imprécation ; seulement ils s'adressaient aux génies au lieu de s'adresser aux astres, et leur écrivaient au lieu de leur parler.

La plupart des recettes qui figurent en si grand
nombre dans les livres de la sorcellerie moderne
se retrouvent dans l'antiquité. Sans parler de la
divination qui faisait partie intégrante du culte, les
philtres, les charmes, les évocations des morts, les
métamorphoses d'hommes en animaux, tout cela
est dans le paganisme gréco-romain. Homère nous
montre le devin Tirésias préparant une fosse pleine
de sang pour évoquer les mânes ; il nous montre Circé
changeant en pourceaux les compagnons d'Ulysse,
comme Horace nous montre Canidie et Sagone se
rendant la nuit dans un cimetière pour procéder à
leurs maléfices. Là elles enterrent un jeune enfant
tout vivant pour préparer un philtre avec son foie
et sa moelle ; elles ramassent des herbes malfaisantes, des ossements desséchés ; elles déchirent
une brebis noire et versent son sang dans une
fosse creusée avec leurs ongles ; elles animent,
comme les *envoûteurs* du moyen âge, des figures
de cire et les brûlent ensuite. Les poëtes, dans ces

récits, ne font que traduire les superstitions populaires; car le monde païen n'est pas moins riche en légendes de cette espèce que le monde fantastique du moyen âge. S'agissait-il d'évoquer un mort, on pouvait en toute sûreté recourir aux magiciens de Thessalie; on savait que quand les Lacédémoniens eurent fait périr de faim Pausanias dans le temple de Pallas, des magiciens avaient été chargés de débarrasser ce temple du spectre qui venait y rôder chaque jour, et en écartait la foule. Dans ce but, ils évoquèrent les âmes de plusieurs citoyens qui, pendant leur vie, avaient été les ennemis déclarés de Pausanias; et celles-ci, en retrouvant le spectre de l'homme qu'elles avaient détesté, lui donnèrent une telle chasse qu'il n'osa plus se présenter, et laissa parfaitement paisibles les visiteurs du temple. Voulait-on se faire aimer d'une femme, on demandait aux disciples des prêtres de Memphis, pour l'enterrer sur le seuil de la maison qu'elle habitait, la lame d'airain chargée d'images lascives. On savait que les magiciens faisaient tomber la grêle, le tonnerre, qu'ils excitaient les tempêtes, qu'ils voyageaient par les airs, qu'ils faisaient descendre la lune sur la terre, et qu'ils transportaient les moissons d'un champ dans un autre. On savait que pour se défendre de leurs maléfices, il fallait faire des fumigations de soufre, ou clouer à la porte de sa maison une tête de

loup. Les plus grands hommes eux-mêmes accep-
taient ces croyances. César avait son amulette, et
Auguste portait pour talisman une peau de veau
marin dans la persuasion que cette peau le pré-
serverait de la foudre.

A Rome, comme chez nous, les magiciens et les
sorciers, qui n'étaient souvent en réalité que des
malfaiteurs ou des empoisonneurs, abritant leurs
crimes sous les mystères d'une doctrine secrète,
furent rigoureusement poursuivis par les lois. Ils
s'étaient tellement multipliés en Italie, au temps de
Tacite, sous le nom de mathématiciens, ils s'y livraient à de si ténébreuses pratiques, que ce grand
historien les place au nombre des plus redoutables
fléaux de l'empire, et malgré la sévérité des lois
romaines qui les frappaient des peines les plus sévères, malgré l'exil ou la mort, ils reparaissaient
toujours plus nombreux, et, comme les sorciers
du moyen âge, ils semblaient se multiplier par la
persécution.

III.

Transformation de la sorcellerie païenne à l'avénement du christianisme. — Les dieux de l'Olympe se changent en démons. — Les druides et les bardes se changent en enchanteurs. — Différence de l'enchanteur et du sorcier. — Biographie fantastique de Merlin.—Sa naissance; il parle en venant au monde et prophétise à l'âge de six mois. — Viviane et la forêt de Brocéliande. — La tour enchantée. — Merlin n'est pas mort.

Lorsque l'Évangile se fut propagé dans le monde romain, et qu'il eut renversé les autels des dieux païens, on vit se produire un phénomène étrange. Parmi les nouveaux chrétiens, un grand nombre acceptant, comme un fait réel, l'existence des divinités de l'Olympe, considérèrent ces divinités comme des démons; la croyance se répandit que Satan ligué avec tous ces vaincus du passé contre le vainqueur de l'avenir, animait d'une vie factice leurs idoles mourantes, et Salvien s'écria tristement: « Le démon est partout, *ubique dæmon*. » Les folies du vieux monde firent invasion en se modifiant dans la société nouvelle; à la chute du paganisme, ses rites, ses formes cérémonielles multiples et variées, se convertirent en pratiques superstitieuses, en magie; Diane devint le démon *Dianum*, et conduisit les femmes au sabbat, comme Mercure avait conduit les âmes dans le royaume des ombres.

L'influence de ce que l'on pourrait appeler l'agonie de l'idolâtrie sur les sciences occultes du moyen âge est un fait évident et incontestable, et qui se produisit en même temps pour le polythéisme et le culte druidique. On sait qu'au Ve siècle une sorte de résurrection de ce culte se manifesta dans la grande et la petite Bretagne. Deshérités de leur antique puissance comme Jupiter et Vénus, les bardes furent également adoptés par les superstitions populaires, et l'on vit paraître alors un être intermédiaire entre le magicien inspiré et savant de la théurgie antique et le sorcier des démonographes. Cet être, d'une nature supérieure à celle de l'homme, et qui se rapproche des génies de l'Orient, c'est l'enchanteur, dont nous allons parler avec quelque détail à cause de la place qu'il occupe dans la tradition et la littérature du moyen âge.

Le type le plus parfait de l'enchanteur du moyen âge, c'est Merlin, personnage réel, qui vécut, on le sait, au Ve siècle dans la Bretagne armoricaine, et que l'on retrouve partout, à travers le moyen âge, dans l'histoire, la légende, la poésie et les romans chevaleresques. Les voix prophétiques qui avaient parlé si longtemps dans les vieilles forêts de la Gaule, ne pouvaient se taire tout à coup. Aussi Merlin est-il prophète. Fantastique incarnation des dernières traditions du druidisme, de la mythologie scandinave et du polythéisme, il défend la nationalité bretonne comme Velléda défendait sa patrie germaine. Il aide Arthur dans ses longues luttes contre les Danois, comme Ulysse aidait Agamemnon de ses conseils et de sa sagesse.

Dans sa transformation nouvelle, il garde les vieilles habitudes de l'idolâtrie celtique. Il aime les fontaines d'eau vive perdues dans les bois, les chênes centenaires; et, comme les dieux de l'Edda, il a son loup familier qui va chasser pour lui. Les astres, ses confidents habituels, lui révèlent tous les secrets de l'avenir, la destinée des rois et celle des peuples. Il sait tous les mystères de la création, il connaît tous les esprits qui président à l'harmonie des sphères. Si l'on en croit l'un de ses biographes, Robert de Borron, qui écrivait au xiiie siècle, Merlin était né d'une religieuse et d'un démon incube. Sa mère l'avait conçu en dormant, et pour se purifier de cette souillure, elle fit vœu, pendant le reste de sa vie, de ne manger qu'une fois par jour. Le mystérieux enfant, qui n'avait point de père parmi les hommes, vint au monde noir et velu; en le voyant ainsi pareil aux bêtes fauves, sa mère changea de couleur; mais lui, pour la rassurer, s'écria en souriant: « Je ne suis point un diable; » l'effroi n'en fut que plus grand. Le bruit de cette naissance étrange se répandit bientôt. La pauvre mère fut citée devant le juge. « Vous êtes sorcière, lui dit ce magistrat, je vais

vous faire brûler.—Je vous le défends, dit Merlin en
sautant des bras de sa mère. Respectez cette femme,
ou malheur à vous; car mon pouvoir est plus grand
que celui des hommes; et si vous en doutez, écou-
tez ce que va vous dire le fils de l'incube. » Merlin
alors découvrit au juge certains secrets intimes de
son ménage, que celui-ci était loin de soupçonner.
Le pauvre mari oublia la sorcière pour ne songer
qu'à sa propre femme, car les détails étaient tellement précis, qu'il ne pouvait douter de son infor-
tune. C'est ainsi que Merlin révéla pour la première
fois cette intuition mystérieuse qui devait élever son
nom si haut dans l'admiration des peuples, et cependant à cette époque il n'était âgé que de six mois.

Une vie qui débutait par de pareils prodiges devait être féconde en merveilles, et elle le fut en
effet. L'enchanteur avait le don de se rendre invisible, ou de se donner telle ressemblance qu'il
voulait en se frottant avec le suc des herbes. Il
transportait d'un mot à de grandes distances les
pierres les plus pesantes, et lui-même, monté sur
son cerf bien-aimé, il franchissait l'espace avec la
rapidité de l'éclair. Dévoué jusqu'à la mort au roi
Arthur, il le sert dans ses guerres et dans ses
amours; il l'aide à triompher des piéges de ses
ennemis et des piéges bien plus redoutables de la
femme, tout en s'y laissant prendre lui-même. Un
jour, en se promenant dans une forêt, il rencontre

une jeune fille d'une éclatante beauté. Il s'arrête, surpris et troublé, et d'une voix caressante : «Douce dame, lui dit-il, daignez me prendre à merci; je vous dirai de merveilleux secrets. Souhaitez-vous des fleurs? je ferai pousser des rosiers au milieu de la neige. Souhaitez-vous d'être belle éternellement? je préparerai pour vous le bain qui efface les rides. » La jeune fille sourit. Merlin, pour prouver sa puissance, frappa la terre d'un coup de baguette, et une forêt magnifique s'éleva aux alentours. Pour prix de cette galanterie, Merlin demanda et obtint une entrevue nouvelle. Viviane, c'était le nom de la jeune femme, promit de revenir, et tint parole. Mais, ce jour-là, l'enchanteur fut vaincu: Viviane surprit tous les secrets de son art, et Merlin, sentant qu'il allait quitter le monde, se rendit auprès du roi Arthur pour lui donner le baiser d'adieu. Puis il alla trouver maître Blaise, qui l'avait élevé. « Adieu, maître Blaise, lui dit-il, je vous donne une grande tâche. Recueillez les souvenirs de ma vie, mes révélations sur l'avenir, et transmettez-les par un livre à ceux qui vivront après nous. — Je vous le promets, » dit maître Blaise. Le livre, en effet, fut écrit; et ces prédictions de l'enchanteur, devenues au moyen âge les oracles de l'Angleterre, ont été consultées, invoquées par elle à tous les moments solennels de son histoire.

L'enchanteur, en quittant maître Blaise, se rendit auprès de Viviane; et celle-ci, qui le voyait triste, et craignait une séparation, lui demanda comment on pouvait retenir un prisonnier sans lui mettre des fers et sans l'enfermer dans une prison. Merlin lui donna pour cette opération une formule magique; fatale indiscrétion qu'il devait expier bientôt! Le soir, en se promenant dans la forêt de Brocéliande, il se reposa au pied d'un buisson d'aubépine, et s'endormit. Viviane alors détacha sa ceinture, et, traçant avec cette ceinture un cercle autour de lui, elle l'enferma pour toujours dans une enceinte sans issue. Une tour indestructible, dont l'air même avait cimenté les pierres, s'était élevée sur la ceinture et avait enfermé Merlin jusqu'à la fin des siècles.

Depuis ce jour, la forêt de Brocéliande étend sur la tour ses rameaux qui ne se flétrissent jamais, et Viviane veille au pied des murailles, comme cette pieuse matrone qui garde le tombeau du roi Édouard, et qui tresse sur le front de ce saint roi des cheveux dont la mort n'a point arrêté la croissance. Quant à Merlin, il est toujours vivant et captif, et le voyageur, en passant dans les verts sentiers de Brocéliande, l'entend soupirer dans sa tour.

On le voit par ce qui précède, les enchanteurs, dont Merlin est, comme nous l'avons déjà dit, le

type le plus parfait, les enchanteurs ont une tout
autre physionomie que les sorciers. L'enchanteur
est un être surhumain, qui a reçu, en venant au
monde, un pouvoir surnaturel; c'est le frère des
génies et des fées; les sorciers sont tout simplement des hommes. L'enchanteur fait indistinctement le bien et le mal; le sorcier ne fait que le
mal. L'enchanteur est vénéré par les peuples, cé-
lébré par les poëtes; le sorcier est méprisé par
tout le monde. En un mot, l'enchanteur est un
personnage célèbre transfiguré par la légende,
Aristote, Virgile, ou Merlin, et le sorcier une espèce de truand, qui n'est bon qu'à brûler ou à
pendre. Les enchanteurs, du reste, ont toujours
été beaucoup plus rares que les sorciers, et l'on
vit un duc de Savoie dépenser en pure perte cent
mille écus pour en trouver un.

IV.

De la sorcellerie proprement dite. — Elle se confond dans les
premiers siècles de notre ère avec les hérésies. — Son histoire à travers le moyen âge. — Légendes chrétiennes et
musulmanes sur ses origines. — Elle se propage au xvᵉ et au
xviᵉ siècle.

L'ignorance, l'extrême imperfection des connaissances humaines, l'attrait du mystère et de
l'inconnu, l'ambition de se faire craindre, les

malheurs d'une société grossière et sans cesse exposée à tous les désastres, telles sont les causes qui contribuèrent à propager la magie et la sorcellerie dans l'Europe du moyen âge, et cette triste aspiration vers les mystères du monde infernal prouve combien alors étaient profondes la misère et la barbarie. La croyance est universelle, et la terreur toujours persistante jusqu'au seuil même de notre temps. Tous les hérétiques des premiers siècles de l'Église, les basilidiens, les carpocratiens, les gnostiques, les manichéens, sont accusés de magie et de sorcellerie. En France, l'existence des sorciers nous est révélée par le plus ancien de nos codes, la loi salique, qui porte au chapitre LXVII : « Quiconque en appellera un autre sorcier ou l'accusera d'avoir porté la chaudière au lieu où les sorciers s'assemblent, et ne pourra le prouver, sera condamné à deux mille cinq cents deniers d'amende. » Grégoire de Tours nous apprend que le duc Boson usait de sortilége, et qu'à cette époque, c'est-à-dire au VIe siècle, on n'entreprenait rien d'important sans recourir aux enchantements et aux philactères. Agobard, qui écrivait au commencement du IXe siècle, parle de certaines gens qui excitaient des tempêtes, et d'autres qui pouvaient, au moyen de ce qu'il appelle *aura levatitia,* se transporter à travers les airs. Agobard était évêque de Lyon, et l'on était si convaincu de la vérité de ce fait dans son diocèse, qu'on lui amena un jour un homme et une femme qu'on avait vus tomber du ciel.

Dans le monde entier, la contagion fut générale. Dans toutes les contrées de l'Orient soumises à l'islamisme, la magie, au moyen âge, était regardée comme la science par excellence, et il se forma sur son histoire une foule de légendes dans lesquelles se confondent en s'altérant les traditions chrétiennes et musulmanes. Suivant l'une de ces légendes, Adam lui-même aurait inventé la magie. Suivant d'autres, les descendants de Caïn s'y seraient adonnés les premiers, et Cham, au moment du déluge, en aurait été le dépositaire et le propagateur. N'osant point porter avec lui dans l'arche les livres qui traitent de cette science, il en grava en trois mille vers, suivant les uns, et en deux cent mille vers, suivant les autres, les principaux dogmes sur des pierres très-dures qui résistèrent à l'effort des eaux; ces pierres furent recueillies par son fils Misraïm, qui fonda de nombreuses écoles, entre autres la célèbre école de Tolède, où, dans les xiie et xiiie siècles, on venait de tous les points de l'univers étudier les sciences occultes.

Par une bizarrerie singulière, ces sciences se développèrent en raison même du progrès de la civilisation, et le xvie siècle, qui fut vraiment le

grand siècle du scepticisme, fut aussi le grand siècle de la sorcellerie. Les écrits sur les sciences occultes se multiplièrent propagés par l'imprimerie.
Elles eurent alors un rapport marqué avec les
affaires publiques; et les sorciers, les astrologues
et les devins furent souvent consultés pour les
choses du gouvernement, comme on avait fait des
oracles dans l'antiquité. A cette date cependant,
sous la pression des études scientifiques, la magie
et la sorcellerie elle-même tentèrent de se mani-
fester sous des formes nouvelles. Elles se rappro-
chèrent de la philosophie, des sciences exactes,
comme on peut le voir dans le traité célèbre
d'Agrippa : *De la philosophie occulte*. La sorcellerie
fut vivement attaquée par quelques esprits émi-
nents, tout en gardant sur la foule son antique
puissance; et ce fut seulement dans les dernières
années du XVIIe siècle, qu'elle perdit le prestige
dont elle avait joui si longtemps.

V.

But de la sorcellerie au moyen âge. — Elle est avant tout matérialiste et sensuelle. — La religion la considère justement
comme une idolâtrie sacrilège. — Elle s'inspire de toutes les
sciences apocryphes. — Énumération et définition de ces
sciences. — Cabale. — Science des nombres. — Astrologie
judiciaire. — Divination et ses diverses branches.

Comme les sciences les plus positives elles-

mêmes, la sorcellerie a un but nettement déterminé, et une série de formules et de pratiques à
l'aide desquelles elle opère. Son but est le même
dans tous les temps : elle veut donner à l'homme
la connaissance des secrets de la nature, satisfaire
tous ses désirs, lui révéler le passé et l'avenir, le
rendre riche, puissant, invisible comme les esprits,
léger comme les oiseaux ; elle veut soumettre à sa
volonté les êtres du monde supra-sensible, réveiller les morts de leur sommeil éternel, défendre les
sens du vieillard contre les atteintes de l'âge, livrer au jeune-homme les femmes qu'il convoite,
débarrasser l'amant de ses rivaux, l'ambitieux de
ses ennemis. Elle est donc dans son but essentiellement matérialiste et sensuelle ; elle est impie dans
sa curiosité, parce qu'elle veut pénétrer les secrets que Dieu cache aux yeux des hommes. Elle
est sacrilége, parce qu'elle parodie les prières et
les mystères les plus vénérables de la religion.

Elle est absurde dans ses pratiques, parce que,
laissant de côté l'expérience et l'observation, elle
attribue à ce qu'elle appelle les forces élémentaires
des vertus qu'elles ne possèdent pas, qu'elles ne
peuvent pas posséder. Aux yeux de la religion,
elle n'est qu'une idolâtrie, parce qu'elle rend aux
créatures un culte qui n'appartient qu'à Dieu, et
quand l'Église la proscrit, elle a, comme la science,
complétement raison contre elle. Ceci posé, nous

allons indiquer d'abord les diverses branches dont
l'ensemble constitue les sciences occultes, et qui
servent comme de prolégomènes à la sorcellerie,
ce vaste pandémonium de toutes les aberrations
de l'esprit humain.

Au premier rang, et dans les hautes sphères de
l'illuminisme, nous trouvons la cabale, sorte de
dégénérescence de la théurgie antique, qui enseigne à découvrir le sens mystérieux des livres sacrés, et à se mettre en rapport direct avec Dieu,
les anges et les esprits élémentaires, au moyen de
certains mots auxquels est attachée une puissance
surnaturelle. On distingue deux sortes de cabales :
la haute cabale, la plus ancienne, qui s'inspire des
dix attributs de Dieu, *couronne*, *sagesse*, *intelligence*,
clémence, *justice*, *ornement*, *triomphe*, *louange*, *base*
et *règne*. Cette cabale reconnaît en outre soixante-
douze anges, agents intermédiaires entre l'homme
et Dieu, et qui prêtent leur assistance à l'homme
pour l'élever au-dessus de la condition ordinaire.
La cabale élémentaire, beaucoup moins abstraite,
opère au moyen de quatre sortes d'esprits, qui
sont : les *sylphes* qui président à l'air ; les *salaman-*
dres, au feu ; les *ondines* à l'eau ; les *gnomes*, à la
terre.

Tandis que la cabale cherche dans la combinai-
son des lettres empruntées au nom de Dieu, des
anges ou des génies, un pouvoir supérieur à celui

de l'homme, la *science des nombres* cherche ce même pouvoir dans l'arrangement mystérieux des chiffres. Ces deux prétendues sciences ont été plus particulièrement cultivées par les Arabes et par les Juifs.

La divination n'est pas moins importante. Cette branche, si longtemps populaire des sciences occultes, se subdivise elle-même en une foule de branches accessoires, dont la plus célèbre est l'astrologie.

L'astrologie, ou l'art de prédire l'avenir par l'inspection des corps célestes, remonte à la plus haute antiquité. On a retrouvé dans le tombeau de Rhamsès V, roi d'Égypte, des tables astrologiques pour toutes les heures de tous les mois de l'année. Tibère et la plupart des empereurs romains consultaient les astrologues. Les plus grands esprits du moyen âge, Machiavel entre autres, ont cru à leur infaillibilité. A la cour de Catherine de Médicis, ils ont joui d'un crédit sans bornes, et quand Louis XIV vint au monde, l'astrologue Morin, placé dans la chambre même de la reine mère, fut chargé de tirer son horoscope. Parmi les mensonges des sciences occultes, il en est peu qui aient fait autant de dupes; en effet, en empruntant en quelques points, et pour certains problèmes astronomiques, la certitude du calcul, l'astrologie avait pu prédire quelquefois les révolutions qui s'accomplissent dans l'espace ; et comme c'était une croyance générale que les sept planètes et les douze constellations du zodiaque, *gouvernent*, c'est le mot consacré, le monde, les empires et les diverses parties du corps humain, on était logique dans l'erreur en pensant que ceux qui avaient surpris dans l'infini le secret des astres pouvaient, à l'aide de ces mêmes astres, surprendre sur la terre les secrets de la vie de l'homme.

Nous trouvons encore à côté de l'astrologie une foule d'autres pratiques dont le but était de connaître l'avenir : ce sont les *sorts des saints*, qui s'obtenaient au moyen âge, en ouvrant au hasard les saintes Écritures, comme dans l'antiquité, les *sorts virgiliens*, en ouvrant les-livres des poëtes ; l'*onéiromancie*, l'*aéromancie*, la *pyromancie*, l'*hydromancie*, la *physiognomonie*, la *métoposcopie*, la *cartomancie*, l'*astrogalomancie*, la *léconomancie*, l'*alphitomancie*, la *rhabdomancie*, la *cléidomancie*, l'*anthropomancie*, la *géomancie*, etc., c'est-à-dire la divination par les songes, par les phénomènes de l'air, les mouvements de la flamme, l'eau, les lignes du visage, les rides du front, les lignes de la main, les cartes, les dés, les pierres précieuses, la farine, la baguette, les clefs, les entrailles de l'homme, l'aspect de la terre, etc.

Ces divers modes de divination étaient pour la plupart très-inoffensifs dans la pratique, mais pres-

que toujours désastreux dans leurs résultats, parce
qu'en trompant sur l'avenir ceux qui étaient assez
crédules pour y avoir recours, ils les enchaînaient
d'avance à une sorte de fatalité mystérieuse et
anéantissaient leur libre arbitre. Aussi l'Église eut-
elle toujours le soin de proscrire, quelles qu'elles
fussent, toutes les pratiques dont nous venons de
parler, en les considérant avec raison comme un
danger pour l'homme et un outrage envers Dieu,
qui seul peut lire dans l'avenir.

VI.

De l'alchimie. — De la nécromancie. — Comment on évoquait
les morts. — Recettes pour faire des spectres. — Causes
rationnelles de la croyance populaire aux apparitions des
âmes et aux revenants.

Bien que l'alchimie soit en général considérée
comme une aberration des sciences naturelles plutôt que comme l'une des subdivisions de la magie
et de la sorcellerie, nous croyons cependant de-
voir lui donner place à côté de la cabale, de l'astrologie et de la divination, parce qu'il est évident
qu'elle s'en est inspirée à toutes les époques,
comme elle s'est inspirée également de la démonologie. Pour Albert le Grand et Roger Bacon, l'alchimie, sauf ce tribut d'erreurs qu'il faut toujours
payer à son siècle, n'avait été, il est vrai, que l'é-

tude des combinaisons agrégatives de la matière
et des lois de l'organisme. Mais c'était là une exception; et dès les premiers temps du christianisme, l'école d'Alexandrie avait imprimé à l'art
hermétique une direction mystérieuse. La *table
d'émeraude* et ses formules cabalistiques ouvrirent
un vaste champ à d'avides spéculations; et à travers les siècles de ténèbres, l'alchimie, pour le plus
grand nombre, comme pour Nicolas Flamel, eut un
but spécial, la production de l'or. Afin de donner à
ses opérations une puissance plus grande, l'alchimie ne se borna point à essayer entre les divers
corps organisés d'innombrables combinaisons; tout
en soufflant ses fourneaux pour faire germer des
lingots, elle invoqua l'influence des astres, elle
emprunta de nombreuses formules à la cabale, à
l'astrologie, à la science des nombres, et souvent
même, quand la misère démentait ses efforts,
quand l'or, objet de tant de veilles et d'espérances,
ne bouillonnait pas sur le réchaud brûlant, elle
s'adressait au démon, et lui offrait une âme en
échange d'une formule.

Ainsi, de quelque côté que l'on se tourne dans
ce monde de l'erreur et du rêve, on trouve toujours l'homme aux prises avec l'impossible, et
cette lutte obstinée a pour théâtre la création tout
entière. Quand l'astrologue interroge le ciel, la
nécromancie interroge la terre, pour en faire

sortir les morts. Elle évoque les âmes, comme la cabale évoque les anges, comme la sorcellerie évoque le démon. Suivant le poëte Lucain, elle opérait au moyen de l'emploi magique d'un os de la personne morte qu'elle voulait faire apparaître. Les rabbins avaient la même croyance : il fallait, suivant eux, prendre le crâne de préférence, sans doute parce que c'était là que l'âme avait fait sa demeure, lui offrir de l'encens et l'invoquer jusqu'à ce que le mort lui-même eût apparu, ou qu'un démon, prenant sa figure, se présentât et parlât en son nom. Le plus ordinairement, on employait les prières de l'Église, en y ajoutant quelques formules empruntées à la sorcellerie. On disait aussi que lorsqu'on pouvait se procurer quelques débris des cadavres, ou quelques poignées de la terre dans laquelle ils avaient reposé, et, à défaut de cette terre, un fragment des pierres de leur tombeau, un morceau de leur croix funèbre, on parvenait, en soumettant ces objets à l'action du feu, à produire, par la combustion, des spectres, représentant exactement la figure de ceux que l'on cherchait à rappeler de l'autre monde; on assurait de plus que ces spectres, animés d'une vie factice et éphémère, répondaient distinctement à toutes les questions qui leur étaient adressées.

Partant de cette idée que l'âme, dégagée des liens de la chair, a pris une entière possession de

ses attributs immortels, et qu'elle a l'intuition complète du passé et de l'avenir, le nécromancien évoquait les morts pour connaître dans quel état, béati-
tude ou damnation, se trouvaient ceux auxquels
il s'intéressait et dont il était séparé par la tombe;
pour s'éclairer lui-même sur les mystères de la vie
future; pour connaître l'époque de sa mort, de
celle de ses proches ou de ses ennemis; enfin pour
s'éclairer sur tout ce qui est indépendant de la pré-
voyance humaine. Les morts, du reste, n'atten-
daient pas toujours, on le sait, qu'on les rappelât
de leur froid sommeil comme un homme qu'on
réveille violemment; ils revenaient souvent d'eux-
mêmes, quand ils avaient de leur vivant promis de
revenir, comme le spectre de Marsile Ficin, le tra-
ducteur de Platon, qui se rendit, monté sur un
cheval blanc, chez son ami Michaël Mercato,
auquel il s'était engagé de révéler les secrets de
l'autre monde. Ici encore l'erreur était logique;
car elle n'est que le résultat d'un dogme irrécusable, l'immortalité de l'âme. La seconde vie, telle
que le christianisme nous l'enseigne, telle que nous
l'espérons, se continue avec les souvenirs et les
affections de la vie première; elle s'illumine même
de clartés nouvelles : dès lors, pourquoi l'âme qui
se souvient de la terre ne reviendrait-elle pas,
libre et dégagée de ses entraves, vers cette terre
qui garde son enveloppe mortelle, et où la rappelle

le souvenir? Ainsi, dans ces mystères de la mort et de la nécromancie elle-même, la crédulité qui nous fait sourire n'est que la conséquence immédiate de la plus chère des espérances qui nous consolent. Malgré cette excuse, la nécromancie fut également condamnée dans l'antiquité et les temps modernes. Sous Constantin, ceux qui s'y livraient encoururent la peine capitale; plus tard on les brûla; et à toutes les époques, on les assimila aux violateurs des tombeaux, dans la pensée qu'ils troublaient comme eux le repos de la mort.

VII.

La sorcellerie complète, par l'intervention du diable, ses emprunts aux diverses branches des sciences occultes. — Caractère et puissance du diable dans les légendes démonographiques. — Comment l'homme se met en rapport avec lui. — Du contrat diabolique et de ses conséquences. — De la complaisance et de la méchanceté du démon. — Les deux pôles de la vision. — Le pacte de Palma Cayet. — Histoires diverses.

Les diverses sciences occultes dont nous venons de parler : la cabale, l'astrologie, la divination, la nécromancie forment chacune, on l'a vu, une spécialité distincte et limitée; mais il en est une qui les domine et les résume toutes : c'est la magie, devenue la sorcellerie du moyen âge. La sorcellerie, en effet, prédit l'avenir, change et transforme non-seulement les éléments, mais même les hommes; elle évoque les morts; elle tue les vivants à la distance de plusieurs centaines de lieues; elle donne à ses adeptes la science sans étude, la fortune sans travail; elle opère une foule de prodiges; et telle est la terreur qu'elle inspire, ou la fascination qu'elle exerce sur ses initiés, que de toutes parts les bûchers s'allument pour les consumer, tandis qu'un grand nombre d'entre eux aiment mieux mourir plutôt que de renier la science qui leur coûte la vie.

Comment, dans la croyance du moyen âge, le sorcier arrivait-il à cette puissance supérieure? comment opérait-il ces prodiges qui ont épouvanté les vieux âges? Il les opérait par l'entremise du démon; en d'autres termes, la sorcellerie n'est que le résumé des sciences occultes élevées, par l'intervention de Satan, à leur dernier degré de puissance. La tradition du passé tout entière est là pour l'attester. Satan, en effet, pour les hommes du moyen âge, n'est point le vaincu de l'abîme; c'est le principe du mal des traditions indiennes, égal en puissance au principe du bien : c'est le dispensateur des trésors, des plaisirs, le révélateur de tous les secrets de la nature; c'est le maître de tous ceux qui veulent jouir et savoir, qui escomptent pour des biens périssables les biens éternels, afin d'obtenir l'accomplissement de leurs rêves ou de leurs passions. Voyons maintenant comment s'établissent les relations qui mettent l'homme en contact avec le démon.

Nous ne parlerons point ici des possessions, qui sont attestées par l'Écriture et par l'Évangile. Nous nous occuperons seulement des rapports qui s'établissent dans la sorcellerie et qui sont relatés dans toutes les légendes démonographiques.

Dans la possession, telle qu'elle est définie par la tradition religieuse, c'est le diable qui s'empare de l'homme, qui le pénètre en se *transfusant*, et qui substitue sa volonté à la sienne. Le possédé est dompté à son insu, et toujours contre son gré. Dans la sorcellerie, au contraire, c'est l'homme qui va au-devant de Satan. Il l'appelle, il l'invite, il lui offre son âme en échange de ses services, l'asservit à ses ordres et lui dérobe ses secrets. D'un côté, c'est un maître; de l'autre, c'est un esclave. Quand le sorcier, ou celui qui aspire à l'être, veut s'unir avec le démon, il commence par renier le baptème; il se livre, comme pour donner des arrhes, aux profanations les plus sacriléges, et rédige un contrat en bonne forme, dans lequel est stipulé un double engagement. Le diable qui par là gagne une âme, ne manque jamais de venir signer, d'*apposer sa griffe*, le mot est resté dans la langue. Si le contrat porte que le diable est tenu d'obéir à tous ceux qui se serviront du pacte, il doit se tenir à la disposition des requérants; s'il n'y a point de stipulation semblable, il n'est obligé qu'envers la personne qui a contracté. Dans le premier cas, le pacte est exprès ; dans le second cas, il est tacite. Il y a des contrats perpétuels, et des contrats temporaires ; les premiers sont valables jusqu'à la fin du monde entre les mains de ceux qui les possèdent ; les seconds doivent être renouvelés à leur expiration. Dès ce moment, Satan se trouve vis-à-vis de l'homme dans un vasselage complet, et il est juste de dire qu'il remplit toujours ses engagements avec une grande exactitude. Il se laisse enfermer dans des coffres, dans des boîtes, dans des anneaux ; il se laisse mettre en bouteille, et, pour mieux servir ses maîtres, on l'a vu rester près d'eux sous la forme de divers animaux. Simon le Magicien et le docteur Faust l'avaient condamné à entrer dans le corps d'un chien noir. Delrio raconte que Corneille Agrippa de Nettesheim avait deux chiens, *Monsieur* et *Mademoiselle*, qui couchaient dans son lit, ou se tenaient des jours entiers sur sa table de travail. Le jour de sa mort, Corneille Agrippa, touché de repentir, appela *Monsieur* dans son lit, et lui ôtant le collier nécromantique qu'il portait au cou : « Arrière, Satan ! lui-dit-il, arrière, tu m'as perdu ; je te maudis et te renie ; laisse-moi, du moins, mourir en paix. » Le chien, à ces mots, se sauva en hurlant, la queue basse, et courut se noyer dans la Saône. On a su depuis qu'il ne s'était pas noyé,

mais, qu'après avoir traversé la France, il était passé
à la nage en Angleterre, et qu'alors il s'était attaché
à une jeune femme de bonne famille, qui avait failli
être brûlée pour ce fait.

La croyance aux pactes infernaux fut, pour ainsi
dire, universelle au moyen âge. Tandis que les mys-
tiques, les âmes tendres et rêveuses, se tournaient
par l'extase et l'aspiration religieuse vers les joies
et les clartés du ciel, ceux qui blasphémaient et
qui souffraient, les méchants qui rêvaient le crime,
les âmes souillées qui rêvaient de monstrueux plaisirs, s'envolaient aussi vers les régions de l'inconnu, mais en se tournant vers l'autre pôle, et les
proscrits de cette société incomplète et barbare de-
mandaient au Proscrit de l'abîme les biens que le
monde leur refusait, les joies coupables qu'ils ne
pouvaient demander à Dieu. Chaque fois qu'un
homme s'élevait par son génie ou sa fortune au-
dessus de la foule, cette foule ignorante et effrayée
l'accusait d'avoir contracté avec Satan. On disait
qu'Albert le Grand lui avait demandé le mot des
secrets de la nature; l'abbé Trithème, le mot du
mystère humain; Virgile, le don de l'harmonie des
vers; Faust, la science universelle. Louis Gauffredi
de Marseille se donna au diable pour inspirer de
l'amour aux femmes rien qu'en soufflant sur elles.
Palma Cayet, l'auteur de la *Chronologie novennaire*,
s'était également livré corps et âme, à condition

que l'esprit malin le rendrait toujours vainqueur
dans ses disputes contre les ministres de la religion
réformée et qu'il lui conférerait le don des langues.
Le contrat fut trouvé signé de son sang dans ses
papiers après sa mort ; et comme le diable, au moment de son décès, était venu chercher son corps
et son âme, on fut obligé, pour tromper ceux qui
devaient le porter en terre, de mettre de grosses
pierres dans son cercueil. En 1778 même, à Paris,
un laquais qui venait de perdre son argent au jeu
se vendit dix écus pour avoir un enjeu nouveau ; et
vers le même temps, l'Anglais Richard Dugdale,
qui voulait devenir le meilleur danseur du Lancas-
hire, se vendit pour une leçon de danse. La légende
de Théophile, rêvée primitivement par Eutychien,
et transmise au moyen âge par Siméon le Méta-
phraste et Hroswita, l'abbesse de Gandersheim en
Saxe, prouve que la croyance aux faits de cette nature remonte à une haute antiquité.

Satan, nous l'avons dit plus haut, remplissait
exactement ses engagements aussi longtemps que
durait le contrat ; mais à l'expiration de ce contrat,
il ne manquait jamais de venir réclamer le prix de
ses complaisances, et alors il fallait les payer cher ;
il n'attendait pas toujours, pour s'indemniser de
ses peines, que la fièvre ou la vieillesse emportât
son débiteur dans l'autre monde, et pour jouir plus
vite de cette âme qui s'était vendue et qu'il regar-

dait comme son bien, comme un bien sur lequel il avait hypothèque, il la déliait souvent lui-même des liens de sa prison charnelle, en tordant le cou à l'homme dont il s'était fait pour quelques jours l'esclave obéissant, afin d'être son maître dans l'éternité.

VIII.

Recettes pour faire apparaître le diable et les esprits élémentaires. — Les noms efficaces et les lettres éphésiennes. — Théorie des conjurations diaboliques.— Statistique des sujets de Béelzébuth invoqués par les sorciers. — Les ducs et comtes de l'enfer. — Revue des légions sataniques.

Ce n'était point seulement par le pacte ou contrat infernal que l'homme se mettait en rapport direct avec Satan. On pouvait encore, à l'aide de certaines opérations, de certaines formules le forcer à sortir de l'abîme, soit pour s'en servir momentanément, soit pour se l'attacher, comme dans le pacte, durant un temps déterminé. « Les magiciens, dit Clément d'Alexandrie, se font gloire d'avoir le démon pour ministre de leur impiété, et de le réduire par leurs évocations à la nécessité de les servir. » « D'où vient, dit également saint Augustin, que l'homme, souillé de tous les vices, fait des menaces au démon pour s'en faire servir comme par un esclave. » On voit aisément, par ces deux passages, que la théorie des conjurations était connue dès les premiers siècles de l'Église chrétienne ; et en consultant les écrivains orientaux, grecs et romains, on en suit les traces à travers les siècles païens.

Dans l'Inde, on pratiquait la conjuration en regardant certaines couleurs consacrées, et en prononçant huit mots qui signifiaient : Dieu est puissant et glorieux. C'était ce qu'on appelait les *noms efficaces*. Chez les Grecs, les *lettres éphésiennes* jouaient le même rôle ; en Égypte, on opérait en nommant les trente-six génies qui présidaient au zodiaque ; enfin le moyen âge s'inspira de toutes les traditions antérieures ; il ramassa des mots grecs, latins, chaldéens, qu'il mêla au hasard en les défigurant ; il y ajouta, par une profanation sacrilége et toujours dans un but coupable, les mots de la liturgie, les noms les plus respectables, et il en forma une langue barbare, inintelligible, à l'usage des rites de la sorcellerie, en un mot, l'argot infernal.

Les démonographes sont loin d'être d'accord sur la manière d'opérer dans les conjurations. Agrippa en reconnaît de trois espèces : 1° par les éléments ; 2° par le monde céleste : étoiles, rayons, force, influence ; 3° par le monde des intelligences : religion, mystère, sacrement, Dieu. Il est facile de reconnaître à première vue que le mysticisme, l'astrologie et la cabale se confondent dans cette théorie bizarre. « Pour opérer dans la magie, dit Agrippa, il faut une foi constante, de la confiance, et la ferme conviction que l'on réussira. » Ici, on le voit, nous retrouvons la théorie des magnétiseurs. Suivant Agrippa, la voix a une grande puissance en ce qu'elle exprime l'intention; mais elle ne l'exprime que passagèrement. L'écriture qui la fixe, qui lui donne un corps, est douée d'une puissance encore plus grande. On doit donc, quand on fait une conjuration magique, exprimer le vœu, d'abord par la voix, et ensuite par l'écriture; et ce n'est pas à l'écriture vulgaire qu'il appartient de figurer dans de si grands mystères; il faut au magicien, comme aux prêtres des anciens cultes, un caractère accessible aux seuls initiés, une écriture *céleste*, dont le type se trouve dans la juxtaposition des astres. Cette formule est certainement parmi toutes celles que nous avons rencontrées la moins déraisonnable, et on peut par là juger des autres.

Suivant quelques écrivains, moins enthousiastes qu'Agrippa de l'astrologie et de la cabale, on ne doit dans les invocations s'adresser qu'aux démons; mais pour que l'opération soit efficace, il faut les nommer tous, et c'est là que l'embarras commence, car il est fort difficile, à cause du nombre, de connaître tous les sujets de ce que les démonographes appellent la monarchie infernale, laquelle se compose : 1°.de Béelzébuth, empereur de toutes les légions diaboliques ; 2° de sept rois, qui sont : Bael, Pursan, Byleth, Paymon, Bélial, Asmodée, Zapan, lesquels règnent aux quatre points cardinaux ; 3° de vingt-trois ducs, de dix comtes, de onze présidents, et de quelques centaines de chevaliers ; 4° de six mille six cent soixante-six légions, formées chacune de six mille six cent soixante-six diables, soit pour le tout : quarante-quatre millions quatre cent trente-cinq mille cinq cent cinquante-six diables. Quelques docteurs en sorcellerie comptent différemment en prenant toujours le chiffre 6 pour multiplicateur cabalistique ; ainsi ils reconnaissent parmi les esprits de ténèbres soixante-douze princes (6×12), et sept millions quatre cent cinq mille neuf cent vingt-six démons ($1\,234\,321 \times 6$). Il est à remarquer que ce dernier nombre offre, tant à gauche qu'à droite, les quatre nombres qui constituent la tétrade de Pythagore et de Platon. En opérant sur de pareilles quantités, l'erreur était inévitable, et le cérémonial d'ailleurs se compliquait tellement, que quand l'opération manquait, le sorcier pouvait toujours, pour lui-même ou pour les autres, invoquer l'excuse de l'oubli. Du reste, pour remédier aux défaillances de la mémoire, on avait des livres où se trouvaient consignées les évocations et les conjurations les plus redoutables, et ces livres, soumis ux-mêmes à une foule de consécrations magiques, acquéraient par ce seul fait une sorte de pouvoir surnaturel. Nous avons nommé les *clavicules* et les *grimoires*.

IX.

De la bibliothèque infernale. — *Clavicula* et *grimorium*. — *Arcanum arcanorum*, etc.— Absurdité et impiété grossière des livres de conjurations. — Exemples. — Satan assigné par huissier. — Formalités accessoires, sacrifices et présents. — Histoire d'un étudiant de Louvain. — Les mariages diaboliques.

Les *clavicules* sont attribuées à Salomon. On sait, en effet, que d'après les croyances de l'Orient, croyances qui, du reste, ne paraissent pas remonter au delà des premiers siècles de l'islamisme, Salomon avait asservi à ses ordres tous les êtres du monde invisible ; il tenait les génies dans un état complet de dépendance ; son nom apposé sur un cachet suffisait seul à donner à ce cachet une vertu magique ; et l'on pensait que ce roi, qui savait et qui pouvait tant de choses, n'avait point voulu quitter la terre sans y laisser pour l'instruction des hommes des monuments de son génie. Il avait dans ce but composé un livre de formules, auquel il avait donné le nom de *clavicule* (*clavicula*), c'est-à-dire petite clef avec laquelle on ouvre en quelque sorte tous les secrets de la nature et les portes de l'enfer. Si les adeptes de la sorcellerie s'étaient donné la peine de vérifier l'âge des *clavicules*, ils n'auraient point tardé à reconnaître qu'ils étaient dupes d'une étrange mystification; car on y cite non-seulement Porphyre et Jamblique, mais Paracelse, Agrippa et d'autres personnages du xvie siècle.

Les *grimoires* n'étaient pas regardés comme aussi anciens que les *clavicules;* mais on ne leur en attribuait pas moins une puissance irrésistible. Outre ceux qui sont restés manuscrits, nous en connaissons plusieurs imprimés, qui tous ont été fort célèbres. L'un sous le titre de *Mystère des mystères, perle rare et unique des secrets* — nous traduisons littéralement : *Arcanum arcanorum, gemma rara et unica secretorum*—a circulé sous le nom du pape Honorius. Les autres sont intitulés : l'*Art du grimoire* (*Ars grimoriæ*)) le *Grimoire vrai* (*Grimorium verum*), et le *Grand grimoire*.

Pour donner à ces livres absurdes, où les choses les plus respectables sont indignement profanées, une autorité plus grande, on disait qu'il fallait les faire baptiser par un prêtre, et les nommer comme un enfant. Le prêtre recommandait aux puissances infernales d'être favorables à ce néophyte; et il sommait l'une de ces puissances de venir, au nom de toutes, apposer son cachet sur le volume. Le livre signé et scellé, tout l'enfer se trouvait soumis aux volontés de celui qui s'en servait, et il n'y avait point de diable qui ne se fît un plaisir et un honneur d'obéir.

Tout ce que l'imagination la plus déréglée peut inventer de plus absurde, tout ce que l'impiété peut rêver de plus sacrilége se trouve réuni dans ces volumes, que l'on peut regarder avec raison comme devant occuper le premier rang parmi les monuments de la sottise humaine. Les noms de la Trinité, de Dieu, de Jésus-Christ, de sa mère, des saints et des martyrs, les versets de l'Ancien et du Nouveau Testament y sont profanés sans cesse. On peut en juger par la conjuration suivante, extraite du *grimoire* faussement attribué au pape Honorius, et connue sous le nom de : *Conjuration universelle pour tous les esprits.*

« Moi (on se nomme), je te conjure, esprit (on nomme l'esprit qu'on veut évoquer), au nom du grand Dieu vivant qui a fait le ciel et la terre et tout ce qui est contenu en iceux, et en vertu du saint nom de Jésus-Christ, son très-cher fils, qui a souffert pour nous mort et passion à l'arbre de la croix, et par le précieux amour du Saint-Esprit, trinité parfaite, que tu aies à m'apparaître sous une humaine et belle forme, sans me faire peur, ni bruit, ni frayeur quelconque. Je t'en conjure au nom du grand Dieu vivant, Adonay, Tetragrammaton, Jehova, Tetragrammaton, Jehova, Tetragrammaton, Adonay, Jehova, Othéos, Athanatos, Ado-

nay, Jehova, Othéos, Athanatos, Ischyros, Athana-
tos, Adonay, Jehova, Othéos, Saday, Saday, Saday,
Jehova, Othéos, Athanatos, Tetragrammaton, à Lu-
ceat, Adonay, Ischyros, Athanatos, Athanatos,
Ischyros, Athanatos, Saday, Saday, Saday, Adonay,
Saday, Tetragrammaton, Saday, Jehova, Adonay,
Ely, Agla, Ely, Agla, Agla, Agla, Adonay, Adonay,
Adonay ! *Veni* (on nomme l'esprit), *veni* (on nomme
l'esprit), *veni* (on nomme l'esprit).

« Je te conjure derechef de m'apparaître comme
dessus dit, en vertu des puissances et sacrés noms
de Dieu que je viens de réciter présentement, pour
accomplir mes désirs et volontés sans fourbe ni
mensonge, sinon saint Michel, archange invisible,
te foudroiera dans le plus profond des enfers;
viens donc pour faire ma volonté. »

Le style des conjurations n'est point uniforme; il
varie suivant les temps et les lieux, et l'on y trouve
souvent les traces des plus anciennes idolâtries. En
Espagne, on y voit figurer l'ange-loup ; en Allemagne, au xvi⁰ siècle, on y emploie avec une
préférence marquée la syllabe oum¹, qui désigne
la trinité hindoue, Shiva, Wishnou, Bra-
ma, et à laquelle l'Inde attribue un pouvoir su-
blime.

On pouvait aussi quelquefois faire venir le diable en employant tout simplement envers lui les
formalités de la justice ordinaire. M. de Saint-An-

dré, dans ses *Lettres au sujet de la magie*[1], dit avoir connu un bénéficier, homme de beaucoup d'esprit, qui prétendait que l'on pouvait forcer Satan à *comparoir*, au moyen de sommations réitérées, faites par des sergents approuvés, le tout sur papier de formule bien et dûment contrôlé.

Si grande que fût la puissance évocatrice des mots employés dans les conjurations, ces mots cependant ne suffisaient point seuls à déterminer Satan à paraître ; il fallait corroborer leur action par diverses formalités accessoires. On sacrifiait des chats, des chiens, des poules noires ; on portait sur soi de la corde de pendu ; on cherchait surtout à se procurer des œufs de coq, pondus dans le pays des infidèles ; on lavait avec grand soin la chambre où devait se passer la cérémonie, et l'on y dressait une table sur laquelle on plaçait, avec une nappe blanche, du pain, du fromage, des noix, ou toute autre chose, ne fût-ce même que des savates ou des chiffons, car Satan ne faisait jamais *rien pour rien*. Il fallait toujours, lorsqu'on le dérangeait, lui offrir quelque petit présent, sous peine d'être étranglé ; il fallait surtout avoir soin de tracer autour de soi le pentacle, cercle magique, où le sorcier s'établissait comme dans un asile inviolable.

1. Paris, 1725, in-12. C'est un livre curieux, et l'un des meilleurs qui aient été écrits sur les sciences occultes.

Le diable ne répondait point toujours en personne aux sommations de ceux qui le conjuraient. Il se contentait quelquefois de leur envoyer des délégués, ou de faire apparaître devant eux et de mettre à leur disposition les individus ou les objets dont on lui avait fait la demande. Ces sortes de communications n'étaient pas, du reste, sans danger, et ceux qui n'étaient point suffisamment au courant de la science risquaient souvent leur vie. C'est ce qui arriva, en 1526, à Louvain. Un sorcier célèbre qui, à cette époque, habitait cette ville, sortit un jour de chez lui en laissant à sa femme les clefs de son cabinet, avec la recommandation expresse de n'y laisser entrer personne; mais celle-ci, indiscrète comme toutes les personnes de son sexe, les remit à un étudiant qui habitait la même maison. Poussé par une curiosité fatale, ce jeune homme franchit le seuil de la retraite mystérieuse. Un livre est ouvert sur une table; il lit.... Au même moment, un coup terrible ébranle la porte. Satan paraît, et d'une voix menaçante : «Me voilà, que me veux-tu?» L'étudiant pâlit et ne sait que répondre. Alors Satan, furieux de s'être dérangé pour rien, le saisit à la gorge, et l'étrangle. Le sorcier rentrait en ce moment. Il voit des diables perchés sur sa maison, et, tout surpris, il leur fait signe d'approcher. L'un d'eux se détache de la bande, et lui raconte ce qui s'est passé. Il court à son cabinet, et trouve en effet l'étudiant étendu mort sur le pavé. Que faire de ce cadavre? On va peut-être l'accuser de meurtre? Et alors comment se justifier? Après un moment de réflexion, il ordonne au diable qui avait commis l'assassinat de passer dans le corps de sa victime. Le diable obéit, et va se promener sur la place, à l'endroit le plus fréquenté des écoliers. Mais tout à coup, sur un nouvel ordre, le démon quitte ce corps qu'il vient d'animer d'une vie factice, et le cadavre retombe au milieu des promeneurs saisis de crainte. On pensa longtemps que l'étudiant avait été frappé de mort subite; mais plus tard la vérité fut découverte; et le sorcier, obligé de quitter Louvain, alla répandre dans la Lorraine les poisons de son abominable doctrine.

Il ne suffisait pas aux sorciers, et surtout aux sorcières, de pactiser avec Satan. Celles-ci, pour le tenir dans une dépendance plus grande, pour obtenir de lui de plus éclatantes faveurs, le traitaient souvent comme un amant ou un mari. Les exemples de ces mariages diaboliques, sont assez nombreux au moyen âge. En 1275, la date est précise, on découvrit une femme de soixante ans qui, depuis longues années déjà, avait épousé un démon. A l'âge de cinquante-trois ans elle donna le jour à un monstre qui avait une tête de lapin, une queue de serpent et le corps d'un homme. Elle le nourrit pendant deux ans avec de la chair de petits enfants étranglés avant le baptème; au bout de ce temps le monstre disparut sans qu'on en ait jamais entendu parler depuis.

X.

Des instruments et des outils de la sorcellerie. — Des diverses espèces de talismans. — La peau d'hyène, les pierres précieuses et les talismans naturels. — Les talismans fabriqués. — Comment on les faisait.

Ainsi que les mathématiques, ou les sciences physiques et naturelles, la sorcellerie avait une foule d'instruments particuliers, à l'aide desquels elle opérait. Ces instruments, comme les livres dont nous venons de parler, portaient en eux-mêmes une puissance extraordinaire, puissance qui leur était communiquée par le sorcier lui-même, et qui souvent aussi était inhérente à leur nature. Ils comprenaient sous le nom générique d'abraxas, talismans, phylactères, cercles, anneaux, carrés magiques, etc., une foule d'objets très-différents entre eux et dont il suffira d'indiquer ici les principaux, en laissant toutefois de côté les amulettes, qui appartiennent plutôt à l'histoire des pratiques superstitieuses qu'à celle de la sorcellerie.

Parmi les talismans naturels, nous indiquerons la peau d'hyène, qui rendait invulnérable au mi-

lieu des combats ; la mandragore, qui inspirait
l'amour ; la valériane et le sang des chiens noirs,
qui éloignaient les démons quand le sorcier voulait se débarrasser de leur présence ; la plupart des
pierres précieuses, telles que l'émeraude, qui pré-
servait de la foudre, et rendait la mémoire infaillible ; la topaze, qui guérissait la mélancolie ; le
rubis, qui apaisait les soulèvements des sens, etc.
L'hippomanès, excroissance charnue de couleur
brune, qui se trouve à la tête des poulains lors de
leur naissance, était considérée du temps même
de saint Augustin comme un agent des plus puissants pour produire l'amour ; il en était de même
du crapaud desséché. La membrane dont la tête
de certains enfants est couverte à leur naissance,
faisait réussir les avocats au barreau. La pierre
alectorienne donnait aux soldats une victoire
assurée. Une autre pierre qui, suivant Isidore de
Séville, se trouve dans la tête d'une tortue des
Indes, procurait la faculté de deviner l'avenir à ceux
qui portaient habituellement cette pierre sur leur
langue. Ces talismans formaient ce que l'on pourrait appeler l'arsenal inoffensif des sciences occultes, et leur usage avait sa source dans une sorte
de naturalisme panthéistique plutôt que dans la
sorcellerie proprement dite. Quant aux talismans
fabriqués, ils appartiennent de plein droit à la
magie et souvent à la magie la plus noire.

L'emploi de ces étranges objets remonte à la plus haute antiquité. Périclès portait au cou un talisman que lui avaient donné les dames d'Athènes. César, dit-on, s'en servait également. Les anciens attribuaient les plus grandes vertus au mot *abracadabra*. Quintus Sérénus prétend que ce mot écrit sur du parchemin et pendu au cou, est un remède infaillible contre la fièvre. Les anneaux constellés, les bagues d'argent baptisées, étaient de sûrs préservatifs contre la peste, la rage, l'épilepsie, etc. On trouve les talismans dans l'Inde, chez tous les peuples de l'Orient, comme chez tous les peuples sauvages. Au moyen âge, on avait recours, pour les confectionner, à toutes les forces vives des sciences occultes, à l'astrologie, à la cabale, à l'évocation des démons, et l'on profanait même les mots les plus saints, les cérémonies les plus vénérables de la religion.

On faisait des talismans ou abraxas avec des mots efficaces, dont les plus célèbres sont les mots *agla* et *abracadabra*. On en faisait avec les noms des diables, avec des chiffres, avec des figures astrologiques, et pour ces derniers, voici comment on raisonnait : « Les astres, disait-on, sont des intelligences, ils voient, ils entendent ; leurs rayons ont une sorte d'instinct qui leur fait chercher par sympathie dans le monde inférieur tout ce qui se rapporte à leur nature. Or, en reproduisant sur des pierres ou des métaux la figure ou le chiffre d'un astre, on intéresse cet astre à ces pierres ou à ces métaux, et il leur communique quelque chose de sa propre vertu. » — « Pour attirer la vertu du soleil, dit Agrippa, qu'il faut toujours citer en ces ténébreuses matières, on enveloppe le symbole ou signe astronomique du soleil dans des fils d'or ou de soie jaune, couleur des rayons solaires; on suspend ce signe à son cou, et l'astre y dépose quelques-unes de ses vertus. » On connaît la fameuse médaille où Catherine de Médicis est représentée toute nue entre les constellations du Bélier et du Taureau, le nom d'Ébullé Asmodée sur la tête, un dard à la main, un cœur dans l'autre, et dans l'exergue le nom d'Oxiel.

Le plus célèbre des talismans du moyen âge était, sans contredit, l'anneau de Salomon; quelques rois, parmi les plus puissants, se sont vantés de le posséder; mais ils se sont vantés à tort, car on sait d'une manière certaine, disent les cabalistes, que cet anneau incomparable repose dans le tombeau même de ce grand prince au milieu dès îles de l'océan Indien. Il y avait aussi des talismans avec les noms de Jésus-Christ ou de saint Pierre, de saint Paul ou de saint Michel. Le concile de Laodicée, au iv\u00b0 siècle, en interdit l'usage sous peine d'excommunication, et déclara que ceux qui les fabriqueraient seraient chassés de l'église.

XI.

Le miroir magique. — La pistole volante. — Les têtes d'airain
et l'androïde. — Les armes enchantées. — Les coupes.—Les
bagues. — L'anneau du voyageur et l'anneau d'invisibilité.—
Le téraphim. — Le carré. — La baguette magique. — Comment elle se fabriquait.

L'une des pièces les plus importantes de l'arsenal des sorciers était les miroirs magiques. Dans l'antiquité païenne les sorcières de la Thessalie écrivaient avec du sang humain leurs oracles sur ces miroirs, et les oracles se réfléchissaient dans le disque de la lune, où on pouvait les lire comme dans un livre. L'usage de ces instruments devint extrêmement commun en France, au XVIe siècle, et l'on assure que Catherine de Médicis en possédait un à l'aide duquel elle apercevait d'un coup d'œil tout ce qui se passait en France, et tout ce qui devait y arriver dans l'avenir. Pasquier rapporte qu'elle y vit un jour une troupe de jésuites qui s'emparaient du pouvoir; à cette vue elle entra dans une telle colère, qu'elle voulut briser l'instrument révélateur, mais on le lui arracha des mains, et à la fin du XVIIe siècle, en 1688, on assurait que l'on pouvait encore le voir au Louvre. Les ennemis des jésuites accusèrent le père Coton de faire voir à Henri IV, dans un miroir étoilé, ce qui se passait dans les cours et les cabinets de tous les princes.

La pistole volante était une monnaie marquée d'un signe magique, qui revenait toujours dans la poche de son maître, comme les cinq sols du Juif errant.

Les têtes d'airain, fabriquées sous l'influence de certaines constellations, avaient la faculté de parler, et elles donnaient des avis sur les affaires importantes. Virgile, Robert de Lincoln, Roger Bacon, en possédaient plusieurs qui ne se trompaient jamais. Albert le Grand avait même fait un homme entier, à la confection duquel il travailla trente ans; cet homme d'airain se nommait l'androïde; mais il fut brisé par saint Thomas d'Aquin, qui ne pouvait supporter son babil.

Les armes enchantées, qui rappellent les armes forgées par Vulcain, et qui jouent un si grand rôle dans les romans de chevalerie, avaient la propriété de faire voler en éclats toutes celles qui leur étaient opposées, et de ne jamais se briser elles-mêmes.

Les coupes magiques communiquaient aux breuvages, dont elles étaient remplies, des vertus extraordinaires, et se brisaient lorsqu'elles étaient touchées par une liqueur empoisonnée.

Les peaux d'enfants sur lesquelles on traçait des caractères magiques, préservaient des maladies, et reculaient indéfiniment la vieillesse.

Les bagues constellées renfermaient de petits démons, appelés *servants*, qui remplissaient les fonctions de domestiques, et se rendaient en un clin d'œil, d'un bout du monde à l'autre, pour remplir les commissions dont on les avait chargés. Quand le possesseur de la bague avait besoin d'un avis, il approchait le chaton de son oreille, et le servant répondait à toutes ses questions. L'historien Froissart, qui séjourna longtemps à la cour de Gaston Phœbus, comte de Foix, nous apprend que ce seigneur avait un de ces lutins à ses ordres. Le lutin avait d'abord été attaché à un prélat romain qu'il avait quitté pour un baron gascon. Celui-ci, qui était vassal du comte de Foix, avait consenti à ce qu'il passât au service de son seigneur. Il était fort utile au comte qui l'employait comme courrier, et l'envoyait dans tous les pays du monde pour savoir ce qui s'y passait. Le lutin se rendait immédiatement aux endroits désignés, et revenait présque aussitôt donner des nouvelles à son maître.

L'anneau du voyageur faisait parcourir, sans fatigue, des espaces immenses, et l'*anneau d'invisibilité*, réminiscence de l'anneau de Gigès, avait la propriété, comme son nom l'indique, de dérober à tous les yeux la personne qui le portait. On pouvait aussi se rendre invisible au moyen d'un tibia de chat-noir, bouilli dans des herbes magiques, ou d'une petite pierre qui se trouve dans le nid de la huppe.

Le téraphim, espèce d'automate dans le genre de

l'androïde, se fabriquait également sous l'influence des constellations. On le frottait d'huile et d'ammoniaque, on l'entourait de cierges, on plaçait sous sa langue une lame d'or, sur laquelle était écrit en caractères mystérieux le nom d'un démon impur, et, dans cet état, il répondait à toutes les questions qui lui étaient faites.

Le carré magique, espèce d'échiquier dont chaque case était marquée d'un chiffre, servait tout à la fois aux conjurations et aux consultations sur l'avenir; il devait être tracé sur un parchemin préparé avec la peau d'un animal vierge, ou qui n'avait jamais engendré.

La baguette magique servait à tracer les cercles de conjuration et à découvrir les trésors ; il y eut même, en 1700, dans la ville de Toulouse, un curé qui devinait à l'aide de cet instrument ce que faisaient les personnes absentes. Il consultait la baguette sur le passé, le présent et l'avenir. Elle s'abaissait pour répondre oui, et s'élevait pour répondre non. On pouvait faire les demandes de vive voix ou mentalement, « ce qui serait bien prodigieux, dit le père Lebrun, si plusieurs réponses ne s'étaient trouvées fausses. » La baguette était faite d'une branche de coudrier de la poussée de l'année; il fallait la couper le premier mercredi de la lune, entre onze heures et minuit, et se servir d'un couteau neuf; une fois coupée on la bénissait, on écrivait au gros bout le mot *agla*; au milieu *cor* ; au petit bout *tetragrammaton*, avec une croix à chaque mot, de plus on prononçait cette formule : *Conjuro te cito mihi obedire. Venies per Deum vivum*, et l'on faisait une croix, — *per Deum verum*, — une seconde croix, — *per Deum sanctum*, — une troisième croix. — Ainsi, comme nous l'avons déjà remarqué, les mots les plus saints, les formules les plus vénérables étaient profanées dans les pratiques les plus absurdes. La sorcellerie parodiait toutes les cérémonies de l'Église, et l'Église en la proscrivant se montrait justement sévère, car elle ne défendait pas seulement la religion contre l'idolâtrie satanique, elle défendait aussi les droits de la raison humaine contre la plus étrange des aberrations.

XII.

Des onguents, des poudres et des breuvages. — Des plantes et matières diverses qui entraient dans leur composition.— De l'emploi des cadavres dans les préparations magiques. — Recettes. — Empoisonnements.

Après avoir cherché une puissance surnaturelle dans les rayons des astres, dans le ciel et dans l'enfer, dans les chiffres et les lettres, les traditions du paganisme et la parodie des cérémonies chrétiennes, les sorciers s'adressaient encore aux plantes, aux arbres, aux animaux, aux cadavres;

ils les soumettaient à des manipulations fantastiques, et les combinaient de cent manières différentes pour en tirer des onguents, des poudres ou
des breuvages. Ces herbes de la Thessalie, sur lesquelles on disait que Cerbère, vaincu par Hercule,
avait répandu sa bave, ces herbes avaient gardé
pour le moyen âge leurs propriétés redoutables.

Parmi les plantes, la sorcellerie choisit de préférence toutes celles qui sont vénéneuses ou infectes,
telles que la ciguë ou la valériane; celles qui crois-
sent dans les ruines et sur les tombeaux, le lierre,
la mauve et l'asphodèle; parmi les arbres, elle
choisit le cyprès, et, comme pour rendre un dernier hommage à l'idolâtrie druidique, elle prête au
gui une vertu mystérieuse. Parmi les animaux, elle
s'attache à ceux qui sont hideux, tristes ou malfaisants, comme le coq que l'antiquité avait consacré à la mort; le serpent qui séduisit la première
femme sur les gazons du paradis terrestre; le loup,
le hibou, le crapaud.

Les cadavres humains eux-mêmes figuraient
dans les préparations diaboliques, et les sorciers,
fidèles à leur principe de chercher toujours ce qui
était impur et souillé, recommandaient de n'employer, en fait de débris humains, que ceux qui
provenaient des malfaiteurs, des excommuniés,
des hérétiques et des pendus. Pour ajouter à l'efficacité de ces restes affreux, on devait se les pro-

curer dans les circonstances les plus lugubres.
Ceux que l'on ramassait dans les voiries étaient
beaucoup plus efficaces que ceux qui provenaient
des cimetières; mais rien n'égalait le corps des
suppliciés détachés du gibet, à l'heure de minuit,
par une nuit sans lune, et surtout à la lueur des
éclairs, pendant un orage.

· Du reste les recettes variaient à l'infini. En voici
une à l'usage des sorciers espagnols : Prenez des
crapauds, des couleuvres, des lézards, des coli-
maçons, et les insectes les plus laids que vous
pourrez trouver. Écorchez avec vos dents les crapauds et les reptiles; placez-les dans un pot avec
des os d'enfants nouveau-nés et des cervelles de
cadavres tirés de la sépulture des églises. Faites
bouillir le tout jusqu'à *parfaite calcination*, et faites
bénir par le diable.

Shakspeare, résumant dans ses drames splen-
dides les croyances de son pays et de son temps,
nous offre dans *Macbeth* une formule non moins
étrange. L'une des sorcières fait bouillir dans une
chaudière, avec les entrailles empoisonnées d'un
personnage de la tragédie, un crapaud, un filet de
serpent, un œil de lézard, du duvet de chauve-
souris, une langue de chien, un dard de vipère,
une aile de hibou, des écailles de dragon, des
dents de loup, un foie de juif, des branches d'if
coupées pendant une éclipse, un nez de Turc, le

doigt d'un enfant de fille de joie, mis au monde dans un fossé et étranglé en naissant, le tout, après parfaite cuisson, refroidi dans du sang de singe.

Dans les onguents ou breuvages destinés à produire l'amour, on employait des têtes de milan, des queues de loup, des cendres de tableaux ou d'images de saints canonisés, des cheveux d'hommes et de femmes. Tous les mélanges dont nous venons de parler, outre les vertus qu'ils avaient par eux-mêmes, devaient recevoir la consécration des paroles et des conjurations magiques, et dans ces paroles il y avait toujours une parodie des prières de l'Église, comme il y eut aussi quelquefois une profanation de ses plus grands mystères par l'emploi sacrilége des hosties consacrées.

Ainsi la sorcellerie recommandait pour ses pratiques tout ce que l'imagination la plus souillée peut rêver de plus hideux. Sans doute il faut faire ici une très-large part à la légende et au conte; mais il nous paraît hors de doute que l'application de la plupart de ces recettes a été souvent tentée, et il est facile de comprendre quelles profanations, quels dangers, quels crimes même devaient en résulter : aussi voit-on dans plusieurs textes de lois que le sorcier et l'empoisonneur se confondaient souvent, et sous le règne même de Louis XIV, Le Sage, Bonard, la Vigoureux, Expilli, qui, aux yeux de la foule, avaient passé pour sorciers, ne se trouvèrent, en dernière analyse, que des scélérats vulgaires, justiciables de la chambre des poisons. Il était difficile, en effet, que des individus qui croyaient ou qui feignaient de croire à de semblables folies n'arrivassent point rapidement au dernier degré de la démoralisation.

XIII.

Applications diverses des recettes de la sorcellerie. — Les prédictions. — Un soldat du duc Uladislas. — Les meurtres. — La sorcière de Provins. — Évocation des rois de France au château de Chaulmont.

Nous connaissons maintenant toutes les sources auxquelles les magiciens et sorciers vont demander un pouvoir surnaturel. Nous connaissons les pactes, les conjurations, le grimoire, les talismans, les carrés, les baguettes, les anneaux magiques, les poudres, les breuvages et les onguents. Nous allons voir maintenant à quels usages les sorciers appliquaient tout ce formalisme lugubre, et ce qu'ils faisaient ou prétendaient faire de leur puissance.

Cette puissance était infinie et sans bornes, et en suivant à travers l'histoire les prodiges qu'on lui attribuait, on reste épouvanté de la sottise humaine, et l'on a peine à comprendre ce qu'il en coûte à l'humanité de siècles et d'efforts pour secouer le joug des plus grossiers mensonges.

La divination, qui formait dans l'antiquité l'une des branches les plus importantes de la théogonie païenne, fut aussi dans le moyen âge, nous l'avons indiqué plus haut, l'un des principaux attributs des magiciens et des sorciers qui, en général, en empruntaient les pratiques à l'astrologie. Il n'est point d'événements importants que les magiciens et les devins n'aient prédits; il n'est point d'hommes célèbres dont ils n'aient annoncé la grandeur ou la mort; et l'on ferait des volumes avec les contes auxquels cette croyance a donné lieu. Nous choisirons au hasard, au milieu de ces rêveries, quelques faits caractéristiques.

Ænéas Sylvius raconte que pendant la guerre du duc Uladislas contre Grémiozilas, duc de Bohême, une sorcière dit à son fils, qui suivait le parti d'Uladislas, que son maître succomberait dans la première bataille avec la plus grande partie de son armée, et que, pour lui, il échapperait au péril s'il tuait le premier ennemi qu'il rencontrerait dans la mêlée, s'il lui coupait ensuite les oreilles, et faisait une croix avec son épée sanglante entre les pieds de devant de son cheval. Le fils de la sorcière exécuta fidèlement ces prescriptions; il sortit sain et sauf du combat, tandis qu'Uladislas resta sur le champ de bataille avec une grande partie de son armée.

En 1452, dit le savant auteur d'un travail sur

les vaudois, M. Bourquelot, une étrangère se présente au grand hôtel-Dieu de Provins ; on la reçoit avec bienveillance ; mais au moment où elle entrait, un chien se précipite sur elle et la mord au visage. Furieuse alors, elle dit à la gardienne de la maison : *Tu m'as fait mordre par ton chien ; avant trois jours, tu mourras de mauvaise mort.* La gardienne mourut en effet, car la prédiction s'accomplissait toujours.

Voici maintenant, dans un autre genre, une anecdote qui a été plusieurs fois racontée par de graves historiens, et qui se trouve consignée dans les *Recherches* de Pasquier : « La feue royne mère Catherine de Médicis, dit Pasquier, désireuse de savoir si tous ses enfants monteroient à l'Estat, un magicien, dans le château de Chaulmont, qui est assis sur le bord de la rivière de Loire entre Blois et Amboise, luy monstra dans une chambre, autour d'un cercle qu'il avoit dressé, tous les roys de France qui avoient esté et qui seroient, lesquels firent autant de tours autour du cercle qu'ils avoient regné ou qu'ils devoient regner d'années ; et comme Henri troisième eut fait quinze tours, voilà le feu roy qui entre sur la carrière gaillard et dispos, qui fit vingt tours entiers et, voulant achever le vingt et uniesme, il disparut. A la suite vint un petit prince, de l'aage de huit à neuf ans, qui fit trente-sept à trente-huit tours ; et après cela

toutes choses se rendirent invisibles, parce que la
feue royne mère n'en voulut voir davantage. »

Les sorciers appliquaient leur science divinatoire
à prédire les événements les plus importants comme
les plus futiles ; ils donnaient l'horoscope des peuples, des villes et des individus. Ils annonçaient les
disettes, les tremblements de terre, la perte ou le
gain des batailles, et leurs prédictions, propagées
dans la foule, tenaient souvent pendant de longues
années tout un peuple en émoi. Ils annonçaient
également, dans la vie privée, les maladies, la
mort, la perte de la fortune, les héritages, les infi-
délités des amants et des maîtresses. Plusieurs
d'entre eux payèrent de leur vie leur prétendue
science, et il en fut quelquefois de même de ceux
qui les consultaient. En 1521, le duc de Bucking-
ham fut décapité pour avoir écouté les prédictions
d'un devin nommé frère Hopkins, et vers le même
temps lord Humperford fut également décapité
pour avoir consulté certains devins sur le terme de
la vie de Henri VIII. A toutes les époques et dans
tous les rangs de la société, chose humiliante pour
la raison, ces prophètes de mensonges ont trouvé
autour d'eux une foi robuste ; la divination a même
échappé au scepticisme moderne ; bien des esprits
forts, qui ne sont souvent en réalité que des esprits
faibles, après avoir douté de tout, n'auraient point
osé douter de cette science absurde, et comme

preuve, il suffit de nommer Cagliostro, Mlle Le-
normant, les cartomanciens, les buccomanciens,
l'auteur du *Corbeau sanglant*, et les devins de nos
bals publics. Vantons-nous après cela du progrès
de nos lumières, de notre perfectibilité et de notre
civilisation.

XIV.

Les sorciers font la pluie et le beau temps. — Les marchands de
tempêtes. — Ensorcellement des terres, des moissons et des
animaux domestiques. — Formules. — Le château de Belle-
Garde. — Création d'animaux vivants.

En même temps qu'ils révélaient les mystères de
l'avenir, les sorciers opéraient sur les éléments,
les hommes, les animaux, les objets immatériels,
et enfin sur eux-mêmes une foule de prodiges désignés sous le nom de sorts, enchantements, maléfices, envoussures, aiguillettes, etc. Dans ce
monde sans bornes de l'erreur, toutes les absurdités s'enchaînaient logiquement et découlaient pour
ainsi dire les unes des autres. Dès que la possibilité
d'un seul fait était admise, on pouvait en admettre
mille; ils se valaient tous, et l'on n'avait point à
choisir.

Quand ils opéraient sur les éléments, les sorciers produisaient à leur gré le beau temps ou la
pluie, le froid ou le chaud; mais comme ils étaient
essentiellement malfaisants de leur nature, ils ne

donnaient de beau temps que quand ils en avaient
besoin pour eux-mêmes ; ils excitaient le plus souvent des ouragans et des tempêtes. Ceux qui se livraient à cette spécialité sont désignés par les lois
romaines de la décadence et les lois du moyen
âge, dont quelques-unes les punissent de mort,
sous le nom de *missores tempestatum*, *tempestarii*.
Un roi des Goths, suivant le Démonographe de
Lancre, n'avait, pour exciter un orage, qu'à tourner son bonnet du côté où il voulait que le vent
soufflât. Les Norvégiens et les Danois, peuples na-
vigateurs, excellaient dans ces sortes de pratiques,
et leurs sorciers vendaient le vent, le beau temps
et la tempête. « Un respectable voyageur allemand,
qui explora le nord vers la fin du XVIIᵉ siècle, raconte, dit M. Marmier dans ses *Souvenirs de voyage*,
qu'il acheta d'un Finlandais un mouchoir, où il y
avait trois nœuds qui renfermaient le vent. Quand
il fut en pleine mer, le premier nœud lui donna
un délicieux petit vent d'ouest-sud-ouest, qui était
précisément celui dont il avait besoin. Un peu plus
loin, comme il changeait de direction, il ouvrit le
second nœud, et il survint un vent moins favorable ; mais le troisième nœud produisit une horrible
tempête, et c'était sans doute, dit le naïf conteur,
une punition de Dieu que nous avions irrité en
faisant un pacte avec des hommes réprouvés. »

On ensorcelait des pays tout entiers comme on

ensorcelait un homme. Les forêts surtout jouent un grand rôle dans les traditions magiques, et quand elles sont possédées ou habitées, soit par des sorciers, soit par des enchanteurs, elles prennent le nom de forêts enchantées. Il en est souvent parlé dans la *Jérusalem* du Tasse. La plus célèbre en France, était celle de Brocéliande, que nous avons mentionnée plus haut à l'occasion de Merlin, et dont la forêt de Lorges comprend encore quelques débris. Les bêtes venimeuses et les mouches qui nuisent au bétail ne pouvaient vivre sous ses ombrages. On trouvait au centre de cette forêt la fontaine de Bellenton, auprès de laquelle le chevalier Pontus fit sa veille des armes, et près de la fontaine une grosse pierre, nommée le perron de Bellenton. Chaque fois que dans le pays on avait besoin de pluie, pour les biens de la terre, le seigneur de Montfort se rendait à la fontaine; il arrosait la pierre avec l'eau de cette fontaine, et le jour même, de quelque côté que le vent ait soufflé, il tombait des pluies si abondantes et si tièdes que la terre en était fécondée pour longtemps.

Les sorciers se vantaient également d'arrêter le cours des fleuves, de les faire remonter vers leur source, de produire la foudre et de la faire tomber là où ils voulaient, de transporter les moissons d'un champ dans un autre, de frapper les terres de stérilité. Chez les Romains, cette dernière opération se pratiquait au moyen d'une pierre qui, placée sur le sol que l'on voulait rendre improductif, indiquait qu'il était voué à la malédiction, et que ceux qui oseraient le cultiver étaient à leur tour voués à la mort. Les lois prononçaient la peine capitale contre les sorciers qui se livraient à cet enchantement. Des faits analogues se produisirent au moyen âge et même dans les temps modernes. On vit se former en Écosse des associations de sorcières, dont le but était de s'approprier la récolte des champs qui ne leur appartenaient pas, et la superstition populaire s'emparant de ce fait, inventa une foule de légendes. On disait que, quand les sorcières voulaient s'emparer des produits d'un champ, elles labouraient ce champ avec un attelage de crapauds; que le diable lui-même conduisait la charrue, que les cordes de cette charrue étaient de chiendent, que le soc était fait avec la corne d'un animal châtré, que ce singulier labourage une fois terminé, tous les fruits passaient d'eux-mêmes dans la grange des sorcières, et qu'il ne restait au propriétaire que des épines et des ronces.

Quand on agissait avec cette puissance sur la matière, on devait à bien plus forte raison agir sur les êtres vivants; aussi voyons-nous les croyances populaires se préoccuper constamment, et avec une insistance qui persiste encore aujourd'hui dans

les campagnes, des maléfices et des sortiléges auxquels sont exposés les animaux domestiques. Les
bergers avaient, pour ainsi dire, monopolisé cette
sorte de maléfices. On les accusait de répandre à
leur gré les épizooties, de rendre les chevaux im-
mobiles, de dessécher les pâturages pour faire
mourir de faim les troupeaux de leurs ennemis, et
de changer en loups les agneaux naissants, qui dévoraient leurs mères au lieu de les teter ; mais,
par compensation, s'ils étaient puissants pour le
mal, ils l'étaient également pour le bien. Ils avaient
des formules infaillibles pour guérir les animaux
ou pour éloigner les loups ; en voici un échan-
tillon :

« *Le château de Belle-Garde pour les chevaux.*
Prenez du sel sur une assiette ; puis, ayant le dos
tourné au lever du soleil, et les animaux devant
vous, prononcez, étant à genoux, la tête nue, ce
qui suit :

« — Sel qui es fait et formé au château de Belle,
sainte belle Élisabeth, au nom de Disolet, Soffé
portant sel, sel dont sel, je te conjure au nom de
Gloria, Dorianté et de Galliane, sa sœur ; sel, je te
conjure que tu aies à me tenir mes vifs chevaux
de bêtes cavalines que voici présents, devant Dieu
et devant moi, saints et nets, bien buvants, bien
mangeants, gros et gras, qu'ils soient à ma volonté ; sel dont sel, je te conjure par la puissance

de gloire, et par la vertu de gloire, et en toute mon intention toujours de gloire. —

« Ceci prononcé au coin du soleil levant, vous gagnez l'autre coin, suivant le cours de cet astre, vous y prononcez ce que dessus. Vous en faites de même aux autres coins; et étant de retour où vous avez commencé, vous y prononcez de nouveau les mêmes paroles. Observez, pendant toute la cérémonie, que les animaux soient toujours devant vous, parce que ceux qui traverseront sont autant de bêtes folles.

« Faites ensuite trois tours autour de vos chevaux, faisant des jets de votre sel sur les animaux, disant : — Sel, je te jette de la main que Dieu m'a donnée; Grapin, je te prends, à toi je m'attends. —

« Dans le restant de votre sel, vous saignerez l'animal sur qui on monte; disant : — Bête cavaline, je te saigne de la main que Dieu m'a donnée; Grapin, je te prends, à toi je m'attends. »

On pourrait choisir entre mille recettes du même genre; mais comme elles se valent toutes, et que quelques-unes seulement se distinguent par des profanations et des blasphèmes; nous n'insisterons pas plus longtemps, et pour en finir avec les maléfices de cette espèce, nous ajouterons que certains sorciers avaient la prétention de créer des animaux, et de les tirer, comme Dieu, du néant. L'auteur du *Monde enchanté*, Bekker, a examiné à fond cette question, et si, forcé, dit-il, par l'évidence, il accorde aux magiciens le pouvoir de faire des poux, il croit que ce pouvoir se borne là, et il leur refuse même celui de faire des grenouilles.

XV.

Opérations de la sorcellerie contre les hommes. — Maladies effroyables. — Envoûtement. — La fièvre du roi Duffus. — L'évêque Guichard, la reine Blanche et sa fille Jeanne. — De l'envoûtement à la cour de France au xvie siècle.

En suivant les pratiques de la sorcellerie d'après l'échelle ascendante des êtres, nous arrivons des éléments à la matière, de la matière à l'animal, de l'animal à l'homme, et nous trouvons le magicien opérant sur ses semblables et, en dernière analyse, sur lui-même; en d'autres termes, le sorcier *ensorcelle* les autres et finit aussi par s'ensorceler. Ici encore nous allons le suivre pas à pas à travers ses ténébreuses pratiques.

Lorsque le sorcier agit sur les autres ou pour les autres, c'est, en général, pour nuire ou servir des passions coupables, et en cela il diffère essentiellement de l'enchanteur et même du magicien, tel que ce dernier est présenté par les croyances orientales, ou par les plus anciens poëmes chevaleresques, car dans ces poëmes, comme dans ces croyances, le magicien fait plus volontiers le bien

que le mal, et on peut le prendre sans scrupule
pour un savant ou pour un sage. Quant au sorcier,
c'est toujours et partout, dans ses rapports avec
ses semblables, l'homme que nous avons vu plus
haut pactiser avec le diable; c'est toujours un être
foncièrement méchant; on en jugera par ce qui
suit.

Comme les dieux de l'enfer païen, le sorcier ne
sait point s'attendrir, et pour se venger de ses ennemis, quelquefois même pour tourmenter par
plaisir ceux qui lui font envie, il les frappe de maladies effroyables. M. de Saint-André parle d'une
jeune fille ensorcelée, qui, après avoir perdu le
mouvement et la respiration, vomit, pendant plusieurs mois, des coques d'œufs, du verre, des co-
quilles, des clous de roues de chariot, des cou-
teaux, des aiguilles et des pelotes de fil. D'autres
vomissaient des crapauds, des serpents, des hi-
boux; quelquefois le sorcier ordonnait au diable
lui-même d'entrer dans le corps de la victime; et
alors on voyait se produire, par l'effet du maléfice,
tous les phénomènes de la possession. Les ensor-
celés qui portaient en eux un autre être, se dé-
tournaient de la société des hommes pour s'exiler
dans les cimetières, et jusque dans les tombeaux.
Leur figure avait la couleur du cèdre; leurs yeux
rouges comme des charbons, sortaient des orbites;
leur langue, roulée comme un cornet, pendait sur

leur menton, et le contact et la vue des choses
saintes produisaient sur eux le même effet que
l'eau sur les hydrophobes. La médecine était impuissante à les guérir, et ils mouraient souvent
comme suffoqués par le diable.

On envoyait aussi la maladie et la mort, soit aux
personnes avec lesquelles on pouvait communi-
quer, soit à celles qui se trouvaient à de grandes
distances, à l'aide de figures de cire, faites à leur
image ; ce genre de maléfice, connu au moyen
âge sous le nom *d'envoussure* ou *d'envoûtement*, fut
souvent pratiqué, principalement contre les grands
personnages. Après avoir baptisé, nommé et ha-
billé la figure qui servait à l'envoûtement, on la
frappait, on la blessait plus ou moins fort, on la je-
tait à l'eau, on la brûlait, on l'enterrait, on la pendait, on l'étouffait, et toutes les tortures à laquelle
elle était soumise se répétaient sur les corps des
vivants. Quelquefois, lorsqu'on voulait faire mourir
à petit feu l'*envoussé*, on enfonçait dans la statuette,
où on les laissait fixées à demeure, des épingles
très-aiguës, de telle sorte que le malheureux sentît
constamment dans ses chairs la pointe meurtrière.

Les affaires d'envoûtement sont très-nombreuses
au moyen âge, et même à une époque assez rap-
prochée de nous ; elles sont de plus répandues
dans toute l'Europe. On racontait en Écosse que
le roi Duffus, ayant été attaqué tout à coup d'une

fièvre brûlante et de sueurs continuelles, dont rien
ne pouvait calmer l'ardeur ou diminuer l'abon-
dance, les médecins déclarèrent que leur art était
impuissant, et que sans aucun doute Duffus était
ensorcelé. Les sergents et les magistrats se mirent
en quête et trouvèrent deux femmes d'une fort
mauvaise réputation, qui faisaient des cérémonies
étranges sur une petite statuette de cire qu'elles
chauffaient à un grand feu. Les femmes, conduites
en prison, avouèrent qu'elles avaient envoûté le
roi, et que c'étaient elles qui avaient causé la
fièvre et les sueurs ; les médecins alors ordonnè-
rent de placer la statuette dans un endroit frais.
L'ordre fut exécuté. Aussitôt le roi cessa de suer,
et ne tarda point à se rétablir.

Les premières années du XIV⁰ siècle offrirent un
célèbre procès d'envoûtement, et ce procès fit d'autant plus de bruit, que l'accusé était un grand dignitaire de l'Église, Guichard, évêque de Troyes,
que le peuple avait surnommé le fils de l'incube.
La reine, Blanche de Navarre, étant morte en 1304,
et sa fille Jeanne l'ayant suivie de près dans la
tombe, à l'âge de trente-trois ans, Guichard fut
accusé d'avoir fait périr ces deux princesses par
œuvre magique. On instruisit son procès, et voici
ce qu'on lit dans l'acte d'accusation : L'évêque Guichard portait une haine mortelle à la reine Jeanne
et à sa mère, parce que c'était à leur poursuite

qu'il avait été chassé du conseil du roi. Il s'était vanté de les faire mourir, et s'était associé dans ce but une sorcière, une *femme inspiritée*, et un moine jacobin ; ils avaient tous trois évoqué le diable, et le diable interrogé avait répondu qu'il fallait faire une image de cire, ressemblant à la reine, la baptiser, lui donner les noms de cette princesse, l'approcher du feu, la piquer avec une aiguille au cou et à la tête ; que la reine alors commencerait à se mal porter, et qu'elle mourrait aussitôt que la cire serait fondue : d'après ce conseil du diable, Guichard fit l'image et la baptisa, conjointement avec le jacobin, dans l'ermitage de Saint-Flavy ; il y fit fondre l'image et aussitôt la reine mourut.

De nombreux témoins furent interrogés, entre autres l'ermite de Saint-Flavy, qui confirma les faits ; l'évêque fut condamné, mais le caractère dont il était revêtu le sauva du dernier supplice, et il resta en prison jusqu'en 1313, époque à laquelle son innocence fut reconnue. Vers le même temps, des accusations de sorcellerie furent aussi, on le sait, portées contre les templiers, mais moins heureux que l'évêque Guichard, ils expièrent sur le bûcher les crimes, pour la plupart imaginaires, dont on les avait chargés.

Au xvi⁰ siècle, la mode des envoûtements devint tout à fait populaire. On sait que la duchesse de

Montpensier employa souvent ce maléfice contre
Henri III, et qu'elle ne recourut au poignard de
Jacques Clément qu'après en avoir reconnu l'inu-
tilité. Catherine de Médicis, qui patronna toutes les
folies et toutes les scélératesses, se servit aussi
plusieurs fois de l'envoûtement, tout en redoutant
pour elle-même ses terribles effets, et lorsque La
Mole et Coconas furent livrés au dernier supplice,
elle se montra fort inquiète de savoir s'ils ne l'a-
vaient point envoûtée : c'est qu'en effet, du moment où l'efficacité de cette pratique était admise,
il n'y avait plus de sécurité, même au sein de la
puissance absolue, et la garde des barrières du
Louvre n'en défendait pas les rois.

XVI.

De l'aiguillette. — Comment on la noue et on la dénoue. — Des
philtres. — Les sorciers improvisent l'amour et l'amitié. —
De l'alphabet sympathique et de la télégraphie humaine.

En même temps qu'il donnait la mort par l'envoûtement, le sorcier, par l'aiguillette, empêchait
l'homme ou la femme de transmettre la vie. Ce
maléfice, connu de l'antiquité, est mentionné dans
Virgile et dans Ovide. Le nouement de l'aiguillette
se faisait ordinairement pendant la cérémonie du
mariage. Le sorcier opposait aux paroles du prêtre
des paroles magiques, en prononçant le nom des

deux époux, s'il voulait les ensorceler tous deux, ou seulement le nom du mari ou le nom de la femme; s'il ne voulait en ensorceler qu'un seul. De plus, lorsque le prêtre disait les paroles sacramentelles, celui qui pratiquait le maléfice faisait un ou plusieurs nœuds à un bout de cuir, de laine, de coton ou dé soie qu'il tenait à la main, et dès ce moment l'aiguillette était nouée, c'est-à-dire que la consommation du mariage devenait impossible, et restait impraticable aussi longtemps que le nœud n'était point défait. Le maléfice était beaucoup plus puissant encore, quand on avait fait passer le nœud magique à travers l'anneau nuptial. La femme pouvait elle-même nouer l'aiguillette à son mari, et pour cela il lui suffisait, le jour de ses noces, de jeter son anneau de mariage à la porte de l'église où la bénédiction lui avait été donnée, ou bien, la première union contractée devant un prêtre, d'en contracter immédiatement une seconde devant un juif, un excommunié ou un Turc, ou bien encore d'envelopper une aiguille dans un drap mortuaire et de mettre cette aiguille sous du fumier. Dans l'antiquité, les procédés étaient différents. On faisait des figures de cire, comme dans l'envoûtement du moyen âge; on prononçait sur ces figures des imprécations, et on leur enfonçait des clous ou des aiguilles à la place du foie, siége de l'amour. Le moyen le plus sûr de se préserver de ces maléfices, c'était de porter dans le chaton d'une bague une dent de belette ; mais une fois le sortilége opéré, la personne qui avait noué l'aiguillette pouvait seule la dénouer. Elle devait surtout faire attention à ne point couper le nœud, car dans ce cas l'enchantement était éternel.

L'aiguillette, comme toutes les choses du moyen âge, avait son contraire, et les hommes qui, dans certains cas, détruisaient l'amour, le produisaient dans d'autres circonstances. La huitième églogue de Virgile fait connaître avec détail les pratiques au moyen desquelles on allumait dans le cœur des hommes ou des femmes d'irrésistibles passions. Dans ce curieux morceau de poésie, on voit une sorcière, fatiguée de l'indifférence de son amant Daphnis, essayer, pour exciter ses feux, des formules les plus efficaces. On la voit portant une figure de cire au pied des autels, l'apostropher dans les termes les plus passionnés. Elle ceint cette figure de trois bandelettes de couleurs différentes, et s'adressant à Amaryllis, elle la conjure de nouer les trois bandelettes de trois nœuds, et de dire, en faisant cette opération, qu'elle serre les liens de Vénus. On opérait encore au moyen des breuvages connus sous le nom de philtres ; mais ces breuvages n'étaient souvent, et tout simplement, que des boissons aphrodisiaques, et même des poisons, comme on le voit par le philtre qui donna, dit-on, la mort au poëte Lucrèce.

Les philtres furent également connus du moyen âge. On les fabriquait avec de la racine d'*emilæ-campanæ*, cueillie la veille .de la Saint-Jean,-de la *pomme d'or*, de l'ambre gris, le tout mêlé et trituré avec adjonction d'un morceau de papier sur lequel était écrit le mot *sheva*. Leur usage était extrême-ment répandu; sous le règne de Louis XIV, les plus hauts personnages en usaient avec une con-fiance aveugle, et le résultat le plus certain de cette mode singulière fut d'enrichir les charlatans qui les vendaient et de ruiner souvent la santé de ceux qui les avaient achetés.

L'amitié s'improvisait avec la même facilité que l'amour. On n'avait, pour la faire naître, qu'à fa-briquer deux figures de cire qui s'embrassaient, et à les lier ensemble au moyen de cordonnets de soie. Les hommes dont elles offraient l'image, et dont elles portaient le nom, restaient amis aussi longtemps qu'elles restaient attachées elles-mêmes par leurs cordonnets. L'*alphabet sympathique*, au-quel bien des gens croient encore aujourd'hui, complète toute la partie de la sorcellerie qui se rapporte à l'amitié. Pour composer cet alphabet, on se traçait sur le bras la figure des vingt-quatre lettres, au moyen d'une aiguille, et on introdui-sait dans les piqûres le sang de l'ami avec lequel on voulait correspondre à tous les moments de la vie et à toutes les distances. Cet ami répétait sur lui-même une opération semblable, et dès ce moment, quand l'un des deux individus voulait donner de ses nouvelles à l'autre, il n'avait qu'à toucher successivement toutes les lettres composant les mots nécessaires à la correspondance ; l'autre personne ressentait immédiatement une légère douleur au bras, à chacune des lettres que son ami avait touchées. C'était un véritable télégraphe humain, moins les résultats positifs.

XVII.

Ensorcellements des sorciers par eux-mêmes. — Métamorphoses des hommes en bêtes. — De la lycanthropie. — La patte du loup et la main de la châtelaine. — Anecdotes diverses. — La caverne de Lucken-Have. — La sorcière volante.

Les divers enchantements dont nous venons de parler, quelque absurdes qu'ils soient, ont du moins leurs motifs dans les sentiments ou les passions. On conçoit en effet que l'homme désire ardemment connaître l'avenir ; qu'il recherche la vengeance, l'amour ou l'amitié, qu'il veuille asservir les éléments à sa puissance, et qu'il tente même de créer des êtres vivants, en dehors des lois ordinaires de la reproduction des races. Il y a là tout à la fois, de sa part, un effort de son orgueil et une lutte désespérée contre sa propre faiblesse. Mais ce qui se conçoit plus difficilement, c'est qu'il soit venu à l'idée des hommes de se changer eux-mêmes en animaux malfaisants, comme cela se pratiquait dans la lycanthropie, ou métamorphose de l'homme en loup.

L'antiquité, comme le moyen âge, a cru avec une bonne foi singulière à cette étrange transformation. Hérodote en parle comme d'un fait avéré; Virgile en parle également, et dans sa huitième églogue, il fait dire à Alphésibée : « J'ai vu Mœris se faire loup et s'enfoncer dans les bois. » Au moyen âge, on vit les lycanthropes, devenus loups-garous, jeter l'épouvante dans les villes et dans les campagnes. Les sorciers opéraient cette métamorphose sur leurs ennemis, mais le plus souvent, ils l'opéraient sur eux-mêmes, et sous cette forme nouvelle ils attaquaient, non-seulement les troupeaux, mais encore les hommes, dont ils dévoraient la chair saignante; ils pouvaient toujours, quand ils le voulaient, reprendre leur première forme, mais quand, par hasard, ils avaient reçu en se trouvant à l'état de loup, une blessure qui les avait privés d'un membre, ils gardaient, en redevenant hommes, l'empreinte de cette mutilation, et c'est par là que l'on parvenait souvent à les reconnaître. L'un des démonographes les plus entêtés du XVIe siècle, Boguet, raconte que, dans les

montagnes de l'Auvergne, un chasseur fut un jour
attaqué par un loup énorme, auquel, en se défen-
dant, il coupa la patte droite. L'animal ainsi mu-
tilé s'enfuit en boitant sur trois pattes, et le chasseur se rendit dans un château voisin pour demander l'hospitalité au gentilhomme qui l'habitait;
celui-ci, en l'apercevant, s'enquit s'il avait fait
bonne chasse. Pour répondre à cette question, il
voulut tirer de sa gibecière la patte qu'il venait de
couper au loup qui l'avait attaqué, mais quelle ne
fut point sa surprise, en trouvant au lieu d'une patte,
une main et à l'un des doigts un anneau que le
gentilhomme reconnut pour être celui de sa femme.
Il se rendit immédiatement auprès d'elle, et la
trouva blessée et cachant son avant-bras droit. Ce
bras n'avait plus de main, on y rajusta celle que le
chasseur avait rapportée, et force fut à cette mal-
heureuse d'avouer que c'était bien elle qui, sous
la forme d'un loup, avait attaqué le chasseur dans
la plaine, et s'était sauvée ensuite en laissant une
patte sur le champ de bataille. Le gentilhomme qui
ne se souciait point de garder une telle compagne,
la livra à la justice, et elle fut brûlée. — Les sorciers
ne se déguisaient pas seulement en loups, ils se
changeaient encore, suivant les occasions, en cor-
neilles, en chats, en lièvres et en autres animaux.
Une sorcière écossaise, du nom d'Isobel, ayant été
envoyée par le diable porter un message à ses voi-

sines sous la forme d'un lièvre, rencontra des
laboureurs accompagnés de leurs chiens. Les
chiens poursuivirent la sorcière avec une telle vi-
vacité que celle-ci n'eut point le temps de pronon-
cer les paroles magiques qui devaient lui rendre
sa forme humaine, et qu'elle regagna en toute hâte
sa maison où elle parvint à dépister les chiens en
se cachant dans un réduit. Les histoires de ce
genre sont excessivement nombreuses, et comme
elles se ressemblent à peu près toutes, nous nous
bornerons à celle que nous venons de raconter.

Il faudrait des volumes pour exposer en détail
tous les prodiges attribués aux sorciers; nous avons
essayé, dans les pages qu'on vient de lire, de
grouper autant que possible, dans un ordre logique, ceux qui passaient pour être les plus fré-
quents, et qui formaient pour ainsi dire la tradition classique; mais il en reste encore une infinité
d'autres qui sont tout à fait en dehors de cette
tradition, et qui paraissent au milieu de toutes ces
merveilles, des merveilles exceptionnelles. Les
deux récits suivants, pris au hasard entre mille
autres du même genre, nous ont paru mériter une
distinction particulière, le premier à cause de sa
teinte poétique et chevaleresque, le second parce
qu'il est gravement enregistré dans une histoire
sérieuse, celle de Charles-Quint, par Sandoval.

Dans le premier récit il s'agit d'une armée en-

chantée, qu'un patriote écossais tenait en réserve
pour le jour où son pays serait en danger. Cette
armée, immobile et glacée comme une armée de
statues, était rangée dans d'immenses cavernes en
attendant l'heure du combat, et voici comment son
existence fut découverte : « Un maquignon avait
vendu, dit Walter Scott, un cheval noir à un
vieillard à l'air vénérable, qui lui donna rendez-
vous à minuit, pour lui en payer le prix, sur la
pointe remarquable appelée *Lucken-Have*, sur les
montagnes d'Eildon. Le maquignon y alla. La
somme lui fut payée en pièces de monnaie fort anciennes, et l'acheteur l'invita à venir voir sa demeure. Le marchand de chevaux le suivit avec le
plus grand étonnement dans d'immenses écuries,
de chaque côté desquelles étaient rangés des chevaux dans un état d'immobilité parfaite, et auprès
de chaque coursier était un guerrier également
immobile. — Tous ces hommes, lui dit le vieillard
à voix basse, s'éveilleront à la bataille de She-
riffmoor. — A l'extrémité de ces écuries extraordinaires étaient suspendus une épée et un cor, que
le prophète montra au maquignon comme offrant
le moyen de rompre le charme. Celui-ci, troublé
et confondu, prit le cor et essaya d'en tirer quelques sons. Au même instant, les chevaux hen-
nirent, trépignèrent et secouèrent leurs harnais;
les guerriers se levèrent, le bruit de leurs armures

retentit, et le maquignon, effrayé du tumulte qu'il avait excité, laissa tomber le cor de ses mains. Alors, une voix semblable à celle d'un géant s'éleva au-dessus du bruit qui régnait, et prononça ces paroles : — Malheur au lâche qui ne tire pas l'épée avant de donner du cor ! — Un tourbillon poussa le maquignon hors de la caverne, et il ne put jamais en retrouver l'entrée. »

Le second fait, comme nous l'avons dit, est emprunté à Sandoval. « En 1547, dit cet historien, on découvrit dans la Navarre un grand nombre de femmes qui se livraient aux pratiques de la sorcellerie. L'un des inquisiteurs voulant s'assurer, par sa propre expérience, de la vérité des faits, fit venir une vieille sorcière, lui promit sa grâce à condition qu'elle ferait devant lui toutes les opérations de sorcellerie, et lui permit de s'échapper pendant son travail, si elle en avait le pouvoir. La vieille ayant accepté la proposition, demanda une boîte d'onguent qu'on avait trouvée sur elle, et monta avec le commissaire dans une tour, où elle se plaça avec lui devant une fenêtre. Elle commença, à la vue d'un grand nombre de personnes, par se mettre de son onguent dans la paume de la main gauche, au poignet, au nœud du coude, sous le bras, dans l'aine et au côté gauche ; ensuite elle dit d'une voix très-forte : *Es-tu là ?* Tous les spectateurs entendirent dans les airs une voix qui répondit : *Oui, me voici.* La femme alors se mit à descendre le long de la tour, la tête en bas, en se servant de ses pieds et de ses mains, à la manière des lézards; arrivée au milieu de la hauteur, elle prit son vol dans l'air, devant les assistants, qui ne cessèrent de la voir que lorsqu'elle eut dépassé l'horizon. Dans l'étonnement où le prodige avait plongé tout le monde, le commissaire fit publier qu'il accorderait une somme d'argent considérable à quiconque lui ramènerait la sorcière. On la lui présenta au bout de deux jours qu'elle fut arrêtée par des bergers. Le commissaire lui demanda pourquoi elle n'avait pas volé assez loin pour échapper à ceux qui la cherchaient. A quoi elle répondit, que son maître n'avait voulu la transporter qu'à la distance de trois lieues, et qu'il l'avait laissée dans le champ où les bergers l'avaient rencontrée. »

Nous avons, on le voit, traversé déjà dans cette histoire, bien des récits étranges, évoqué bien des visions fantastiques, et cependant il nous reste encore à raconter bien des folies. Ces folies sont comme entassées dans un rêve qui les résume toutes; nous avons nommé le sabbat.

XVIII.

Du sabbat. — Ce que c'est que le sabbat. — Des assemblées
générales et particulières. — Où elles se tiennent. — Ce qu'il
faut faire pour y être admis. — Noviciat sacrilége des initiés.
— Convocation à domicile. — Comment on se transporte au
sabbat. — La pluie d'hommes. — Mise en scène et cérémonial. — De la forme du diable et de l'aspersion.

On appelait sabbat les assemblées que les sorciers tenaient la nuit sous la présidence du diable,
pour célébrer les rites les plus mystérieux de leur
art infernal, rendre hommage à leur maître, et se
livrer entre eux à tous les emportements de leurs
passions.

La croyance au sabbat, universelle dans l'Europe
du moyen âge, remonte au v° siècle environ, et
on la retrouve formellement condamnée au ix°,
dans le célèbre capitulaire sur les sortiléges et les
sorciers, *de sortilegiis* et *sortiariis*. Ce capitulaire
est principalement dirigé contre les femmes qui,
abusées par des illusions, croyaient traverser les
airs avec la déesse Diane, devenue le démon *Dianum*, mais à cette date les détails manquent; il
faut attendre jusqu'au xiv° siècle pour en trouver
de circonstanciés et de précis; et alors, par compensation, ils sont tellement nombreux, qu'on est
souvent embarrassé pour choisir.

Les assemblées du sabbat étaient de deux sortes,

générales et particulières. Le grand sabbat réunissait tous les sorciers d'une même nation, le petit sabbat, tous ceux d'une même ville ou d'un même canton. Le premier se célébrait quatre fois l'année, au renouvellement de chaque saison, le second, deux fois chaque semaine, dans la nuit du lundi et du vendredi. Les réunions se tenaient dans les lieux solitaires, au sommet des montagnes, au fond des bois, sur les charniers des champs de bataille, sur le bord des routes, aux endroits mêmes où des meurtres avaient été commis. La réunion générale de l'Italie avait lieu sur le Vésuve, qu'on regardait comme un soupirail de l'enfer, et celle de l'Allemagne sur le Bloksberg. Les assassins, les adultères, les envieux, les hérétiques, les filles perdues sur le retour de l'âge, les jeunes filles qui souhaitaient de se perdre, les renégats, les excommuniés, en un mot tous les vassaux de l'empire infernal, formaient le personnel ordinaire de ces fêtes, où Satan, comme les rois et les barons du moyen âge, tenait cour plénière et lit de justice. Il fallait, pour y être admis, faire comme dans les métiers, l'apprentissage et le chef-d'œuvre, ou comme dans les ordres monastiques, le noviciat. On présentait donc une requête au démon, qui faisait passer à l'aspirant un examen sévère, et s'assurait longuement de sa capacité pour le mal. Lorsque l'examen était satisfaisant, le diable écrivait sur un registre le nom du récipiendaire, il le faisait signer ensuite, et après l'avoir fait renoncer au baptême et à l'Église, il lui imprimait sur le corps la marque de l'ongle du petit doigt, en signe d'investiture. Ces formalités remplies, le sorcier prononçait ses vœux, obtenait le droit d'assistance, et pouvait participer à tous les plaisirs et à toutes les pratiques. Quand le diable enrôlait une sorcière, il avait soin, pour ne point l'effrayer, de lui apparaître sous la figure d'un beau jeune homme, et de quitter son vilain nom de Béelzébuth ou de Satan pour en prendre un qui caressât mieux l'oreille, tel que *Joli-Bois*, *Vert-Joli*, *Verdelet*, etc.

Le diable, pour réunir ses affidés, faisait paraître dans les airs un signe dont eux seuls connaissaient le sens, ou il envoyait une chauve-souris, un papillon de nuit, et quelquefois un mouton, les prévenir à domicile. Quelques-uns se rendaient à l'endroit désigné montés sur un manche à balai, parodie vulgaire du dard merveilleux qu'Apollon hyperboréen avait donné à Abaris, et sur lequel celui-ci traversait les airs. De Lancre nous apprend que, quand on partait emporté par cette singulière monture, il fallait, pour ne point tomber de la région des nuages, répéter à plusieurs reprises, ÉMEN ÉTAN, c'est-à-dire en argot satanique, ICI et LA. D'autres se frottaient avec des onguents magiques, ou le venin lancé par un crapaud effrayé et irrité, et, par le seul effet de ces drogues, ils se trouvaient tout à coup transportés au lieu de la réunion. Quelquefois aussi, quand le sorcier voulait aller au sabbat, il se dépouillait de ses vêtements, et après s'être frotté aux aisselles, aux plis des bras, aux poignets, sous la plante des pieds, avec une graisse dont nous donnons plus loin la composition, il montait le long de la cheminée, et là, à l'extrémité du tuyau, il trouvait un grand homme cornu, velu et noir, qui le transportait, avec la rapidité de la pensée, au lieu de la réunion. Cet homme, on le devine, c'était le diable, qui poussait la complaisance jusqu'à prêter ses épaules aux initiés; mais ce mode de transport n'était point sans péril, car il arrivait souvent qu'au milieu du voyage le malin esprit, humilié de son rôle, ou par simple fantaisie de mal faire, se cabrait comme un cheval rétif; les cavaliers désarçonnés se cassaient le cou en tombant du haut des airs, et on les trouvait le lendemain matin, accrochés au sommet des arbres, ou couchés tout sanglants sur les chemins, dans leur costume du sabbat. C'est là, dit un démonographe, ce qui a donné lieu à cette croyance, qu'il y avait des pluies d'hommes. Lorsqu'un sorcier était convoqué pour le sabbat, et qu'il avait la ferme intention de s'y rendre, aucun pouvoir humain n'était capable de l'en empêcher. Quand on l'enfermait, il passait par la serrure.

Un mari voulut un jour retenir sa femme ; il l'attacha près de lui dans son lit. Mais la femme échappa à l'étreinte des liens en se changeant en chauve-souris, et se sauva par la cheminée.

Tous les sorciers étaient tenus d'assister aux assemblées générales, et ils ne pouvaient se justifier d'y avoir manqué qu'en présentant un certificat en bonne forme, qui donnait à leur absence un motif plausible. Le diable, dans ces assemblées, se faisait rendre compte de leurs actions, des maléfices qu'ils avaient pratiqués ; il les recevait d'une façon d'autant plus bienveillante, qu'ils avaient fait plus de mal, et, quand par hasard ils n'en avaient point fait, il les grondait, les battait, leur donnait des coups d'étrivières et de baguettes.

Dans les assemblées ordinaires, le cérémonial variait à l'infini, suivant les temps ou les lieux, mais, sauf les nuances de certains détails, le fond restait le même à peu près partout ; et voici comme les choses se passaient généralement.

Dans ces drames fantastiques l'unité de temps et de lieu est toujours sévèrement observée. Une lampe sans huile, comme ces lampes éternelles qui brûlaient dans les tombeaux païens, répand sur l'assistance une lueur tremblante et sombre. Satan préside ; assis sur un trône, et toujours sous une forme hideuse ; c'est un crapaud couvert de laine ou de plumes, un corbeau monstrueux avec un

bec d'oie, un bouc fétide, un homme blanc et
transparent de maigreur, dont l'haleine donne le
frisson, un chat noir avec des yeux verts et des
griffes de lion, etc. La forme du reste varie suivant les pays. En Suède, le diable se montre au
sabbat avec un habit gris, des bas rouges, une
barbe rousse, un chapeau à haute forme et des
jarretières d'une longueur démesurée. Chaque sorcier, en arrivant, dépose auprès du diable, son
herbe de sabbat, c'est-à-dire une plante quelconque, dont il s'est muni en partant, fougère, gui,
plantain, armoise, ciguë, etc. Satan prend une poi-
gnée de ces herbes, fait une aspersion de son urine
à toute l'assemblée, et alors la séance est ouverte.

XIX.

Continuation du sabbat. — Hommages rendus au diable par
les initiés. — De la messe diabolique. — De la fabrication
des onguents magiques. — Exhortations du diable à ses hô-
tes. — Le festin. — Le bal.

La séance une fois ouverte, chacun prend son
rôle : comme de raison, le plus important appartient au diable ; et ce rôle peut se ranger sous
quatre chefs principaux : 1° Satan reçoit les hommages de ses sujets ; 2° il compose, pour les leur
distribuer, des poudres et des onguents magiques ;
3° il fait des conférences et des exhortations ; 4° il

se livre, à l'égard des cérémonies du catholicisme, aux profanations les plus sacriléges.

Nous ne décrirons pas les hommages que le diable exigeait de ses affidés. L'inquisiteur Pierre Broussard, qui fit brûler, au xve siècle, les vaudois d'Arras, n'osait pas lui-même en parler, *pour doute*, dit un vieil historien, *que les oreilles innocentes ne fussent averties de si vilaines choses, tant il s'y commettoit des crimes puants et énormes.* Nous ne parlerons pas non plus de la messe diabolique, dont on peut lire le détail dans l'*Histoire de l'inquisition d'Espagne*, de Llorente ; il nous suffira de dire ici que tout ce que l'imagination la plus souillée, la plus monstrueuse, peut rêver de plus obscène et de plus impie, se trouve entassé comme à plaisir dans ces légendes, qui effrayent par leur perversité. Nous nous arrêterons seulement à la composition des onguents, et aux exhortations.

Après avoir fait l'aspersion dont nous avons parlé plus haut, Satan plaçait toutes les herbes apportées par les initiés dans une immense chaudière, avec des crapauds, des couleuvres, des balayures d'autels, de la limaille de cloches et des enfants coupés par morceaux. Il écumait la graisse de cet affreux bouillon, et, après avoir prononcé sur cette graisse des paroles sacramentelles, il en faisait des onctions aux assistants, et leur en distribuait ensuite de petits pots ; c'était là, pour les maléfices, l'ingrédient le plus infaillible, et cette drogue conservait dans son action quelque chose de la perversité et de la puissance de celui qui l'avait préparée.

Les sorciers, après avoir reçu l'onguent, mangeaient les débris des chairs qui avaient servi à sa composition, et ils se rangeaient ensuite autour du trône, pour écouter les exhortations de leur maître. Celui-ci revêtait, comme pour la messe diabolique, une mitre, une aube, une chasuble noire. On ne dit pas si, pour cette nouvelle cérémonie, il reprenait la forme humaine, car ces vêtements devaient figurer fort mal sur un bouc, un corbeau ou un crapaud. Debout sur son trône d'ébène, « Il les preschoit, et leur défendoit d'aller à l'église, d'ouyr la messe, prendre de l'eau bénite, et que, s'ils en prenoient pour montrer qu'ils fussent chrétiens, ils diroient :—Ne déplaise à notre maître ! » Satan recommandait à ses vassaux de faire tout ce que réprouvait l'Église, et leur ordonnait le meurtre, l'inceste, l'adultère, la trahison, tous les grands crimes, et, pour gages de leur soumission, il leur demandait d'affreux blasphèmes. Ses discours étaient entrecoupés d'imprécations terribles, et sa voix rauque et discordante. Il semblait plutôt braire que parler, et il terminait son discours en donnant le signal des réjouissances.

Comme dans les fêtes mondaines, ces réjouissances consistaient principalement en danses et en
festins. Le menu de ces festins était des plus va-
riés. Tantôt la table était chargée de mets splen-
dides, préparés avec une délicatesse extrême, tantôt on n'y mangeait que du pain noir et de la
chair d'enfants; mais cette chair et les mets les
plus recherchés eux-mêmes étaient toujours d'une
extrême fadeur, attendu que l'on n'y employait
jamais le sel, parce que l'Église s'en servait dans
la bénédiction de l'eau et dans le baptème; de
plus, les sorciers avaient beau manger et boire, ils
ne parvenaient jamais à calmer leur soif ou leur
faim, ce qui fait dire à quelques démonographes
que le diable ne donnait jamais aux invités du
sabbat que des viandes et des vins fantastiques.
Quelquefois, pour égayer les convives, Satan chan-
tait, comme les jongleurs dans les repas des barons, des histoires empruntées aux légendes de
l'enfer, et, la chanson terminée, on portait des
toasts à la ruine de la foi, à l'hérésie, à l'Ante-
christ.

Après le repas, on dansait; chaque homme devait amener une femme, et quand, par hasard, il
manquait quelques personnes pour compléter les
quadrilles, Satan y suppléait par des incubes et
des succubes, c'est-à-dire des démons mâles et
femelles. La toilette de rigueur était une nudité

complète. Les danseurs et les danseuses, au lieu de bouquets, portaient à la main des torches de poix noire; un vieux Turc ouvrait la danse avec une jeune religieuse qui avait forfait à ses vœux; alors, au milieu d'une ronde effrénée, tous les assistants se livraient aux actes de la plus hideuse dépravation. La danse terminée, et au moment où le chant du coq annonçait les premières lueurs du jour, chacun retournait chez soi, comme il était venu, sur un balai ou sur le dos du diable.

XX.

Coup d'œil rétrospectif sur l'ensemble de la sorcellerie. — Impiété et dangers de cette prétendue science. — Confiance qu'elle inspire dans tout le moyen âge. — De la conviction des sorciers. — Explication naturelle de divers faits extraordinaires. — Charlatans et hallucinés.

Nous connaissons maintenant toutes les aspirations, tous les secrets, tous les actes de la sorcellerie. En parcourant cette lugubre histoire, nous nous sommes borné à raconter les faits sans réflexions, sans commentaires; il nous faut maintenant passer du rêve à la réalité.

On le voit, par ce que nous venons de dire, la sorcellerie, qui va toujours en se dégradant à travers le moyen âge, arrive, au seuil même des temps modernes, aux dernières limites de la folie et de l'impiété. Ce n'est plus seulement, comme à l'origine, une sorte de superfétation de la science; c'est une sombre et cynique protestation contre les croyances les plus saintes et les plus respectables. C'est en quelque sorte la religion du mal qui se pose en face d'une religion divine. C'est la réhabilitation de tous les instincts pervers, le triomphe et l'exaltation de toutes les passions redoutables. C'est un outrage à la raison humaine. Que feront l'Église, la raison, la société, à l'égard de cette prétendue science, qui ne tend à rien moins qu'à bouleverser les éléments, à commettre avec impunité tous les crimes, à s'élever au-dessus des lois divines et humaines?

Pendant de longs siècles, la raison accepte et s'incline. Quelque absurdes que soient les faits, le moyen âge les croit toujours, et, dans son ignorance, il se garde bien de soupçonner qu'il insulte à la fois l'homme et Dieu: l'homme, en rapportant à une intelligence supérieure et mauvaise la science et la puissance d'action qui sont le résultat de l'intelligence et de la volonté humaine; Dieu, le maître absolu, en lui faisant partager l'empire du monde avec une créature vouée à sa colère. Quand on a fait la part du charlatanisme, qui sans aucun doute a, dans tous les temps, y compris le nôtre, exploité habilement la crédulité publique; quand on a fait à l'ignorance des chroniqueurs et des démonographes, la plus large part possible, on n'en constate pas moins, d'une manière irrécusable, l'adhésion universelle des hommes, et même des hommes éclairés ; on reconnaît que les faits les plus absurdes ont acquis, auprès d'une foule de gens, l'évidence des faits les plus irrécusables ; et ce qu'il y a de plus étrange ce n'est pas que la foule ait cru qu'il y avait des sorciers et qu'elle en ait vu partout, c'est qu'un très-grand nombre d'individus se soient sincèrement imaginé qu'ils l'étaient eux-mêmes. C'est là un point sur lequel il convient de s'arrêter.

Lorsqu'on suit avec attention les procès de sorcellerie, on ne tarde point à reconnaître que les accusés se partagent en trois catégories distinctes, qui se composent : 1° des véritables malfaiteurs qui cherchent à déguiser leurs crimes sous les apparences d'une science supérieure ; 2° de malheureux qui sont innocemment victimes des préjugés de leur temps ; 3° d'hallucinés qui sont dupes de leurs rêves. C'est de ces derniers que nous allons nous occuper d'abord.

On trouve, dans les procès dont nous venons de parler, une foule d'individus qui, appliqués à la torture, font des aveux complets, et les rétractent ensuite, en disant qu'ils n'ont avoué que pour échapper à la douleur ; mais on en trouve aussi un très-grand nombre qui soutiennent la réalité des faits dont on les accuse, et qui s'obstinent à croire et à mourir. On en voit d'autres qui, sur le bûcher même, restent persuadés que le diable viendra les délivrer, et qui affrontent le supplice avec un courage extraordinaire. La science moderne a cherché l'explication de ce singulier phénomène, et elle l'a trouvé dans l'hallucination et l'extase. Elle a remarqué d'abord que les sorciers véritablement convaincus étaient, en général, des gens appartenant aux classes les moins éclairées de la société, ou à celles qui se trouvaient en lutte ouverte avec elle, comme les juifs, les cagots, les bohémiens, les hérétiques ; il résulte évidemment de là, d'une part, que ces malheureux, par leur ignorance même, étaient aptes à recevoir sans examen l'impression de toutes les folies qui avaient cours de leur temps, et, de l'autre, qu'ils avaient intérêt à chercher en dehors de la société même des ressources secrètes pour vivre d'une manière plus heureuse, ou pour se défendre contre les attaques auxquelles ils étaient en butte. Du moment où la croyance universelle admettait une science supérieure, il était naturel qu'ils se tournassent vers elle pour lui demander, comme nous l'avons déjà dit, tout ce que le monde leur refusait. L'étude et la pratique de cette science devenant pour eux l'objet d'une constante préoccupation, et l'instinct de l'homme le portant toujours à croire ce qu'il désire, ils finissaient par s'absorber dans une idée fixe. Le caractère sombre et mystérieux des pratiques auxquelles ils se livraient exaltait leur imagination, et ils s'élevaient, par degrés, à une sorte d'état extatique. Ils acquéraient le fanatisme et la conviction de leur erreur; le rêve finissait par dominer la raison, en un mot, ils avaient la folie de la sorcellerie. Les drogues dont ils faisaient usage ajoutaient encore à cet état d'excitation naturelle, et, en ce qui touche les faits relatifs au sabbat, nous citerons quelques exemples concluants.

Laissant ici de côté le bouillon de couleuvres, de crapauds et de limaille de cloches et toutes les recettes dont nous avons parlé plus haut, nous constaterons, d'après des témoignages irrécusables, que les sorciers pour se rendre au sabbat pratiquaient réellement sur diverses parties de leur corps une onction magique, c'est-à-dire qu'ils se frottaient avec différentes drogues, et qu'ils usaient de certains breuvages. Lucien et Apulée parlent de cette onction, que pratiquaient également les initiés aux mystères de l'antre de Trophonius. Or, quand on trouve dans Porta, dans Cardan et dans quelques autres médecins et philosophes naturalistes du moyen âge ou de la renaissance, l'indication des drogues que l'on employait à cet usage, on comprend le sabbat. Ces drogues, c'était le *stramonium* dont la racine cause un délire accompagné d'un

sommeil profond; le *solanum somniferum*, la jusquiame et l'opium. Dès ce moment, la vision s'ex-
plique. Le sorcier, après l'onction magique ou l'u-
sage des boissons prescrites par son art, tombe
dans un sommeil fébrile, traversé de rêves terribles,
riants, voluptueux. Les idées qui l'ont occupé, possédé dans l'état de veille, se pressent en foule dans
son esprit, et le sommeil réalise pour lui tous ses
désirs, toutes ses espérances. Il y a là sans doute
encore un mystère profond, mais ce mystère du
moins est dans les lois ordinaires de la nature; et
des esprits sérieux et positifs l'avaient déjà constaté
au moment même où les croyances à la sorcellerie
régnaient dans toute leur puissance. En 1545, les
médecins du pape Jules III voulurent éprouver sur
une femme attaquée d'une maladie nerveuse l'effet
d'une pommade trouvée chez un sorcier; elle dor-
mit pendant trente-six heures de suite. Lorsqu'on
parvint à la réveiller, elle se plaignit qu'on l'arra-
chait aux embrassements d'un beau jeune homme;
elle raconta une foule d'hallucinations étranges; et
le médecin n'hésita point à attribuer à l'effet naturel des drogues ce qu'elle attribuait à l'onction magique. Une expérience du même genre fut faite à
Florence au commencement du xviie siècle. On conduisit un jour devant un juge une femme qui s'accusait elle-même d'être sorcière. Le juge, qui était
un homme de bon sens, ne reçut cette accusation

qu'avec beaucoup de défiance, et fit des représen-
tations à la sorcière; mais celle-ci qui tenait à
prouver son talent, dût la mort s'ensuivre, déclara
qu'elle irait au sabbat le soir même si on voulait la
laisser retourner chez elle et pratiquer l'onction.
Le magistrat y consentit. Elle se frotta de ses
drogues, et s'endormit sur-le-champ ; alors on
l'attacha sur un lit, on la piqua, on lui fit de lé-
gères brûlures, ce qui ne l'empêcha point de dor-
mir pendant vingt-quatre heures, et le lendemain
en s'éveillant, elle raconta avec le plus grand détail
tout ce qu'elle avait vu au sabbat, en ajoutant que
le diable l'avait piquée et brûlée. On lui dit alors
ce qui s'était passé, mais il fut impossible de la dé-
tromper, et malgré cet entêtement on la renvoya
saine et sauve. Gassendi essaya sur un paysan l'effet
d'une pommade analogue composée de jusquiame
et d'opium ; le paysan s'endormit d'un sommeil
profond, et à son réveil il fit la description d'une
assemblée merveilleuse à laquelle il avait assisté.

Ce qui se passait pour le sabbat, se passait également pour les lycanthropes. Certains individus
s'imaginèrent qu'ils avaient le pouvoir de se trans-
former en loup, et l'on en vit qui dans cette idée
marchaient à quatre pattes et cherchaient à imiter
le cri de cette bête fauve. « Un de ces hommes encore
fort jeune, dit Walter Scott, fut mis en jugement
à Besançon. Il déclara qu'il était le serviteur ou

le piqueur du seigneur de la forêt, ainsi qu'il nommait son maître, qu'on jugea être le diable. Par le pouvoir de ce maître, il était transformé en loup, prenait le caractère de cet animal, et se voyait accompagné dans ses courses par un loup de plus grande taille, qu'il supposait être le seigneur de la forêt lui-même. Ces loups dévastaient les troupeaux et égorgeaient les chiens qui les défendaient. Si l'un ne voyait pas l'autre, il hurlait à la manière des loups pour inviter son camarade à venir partager sa proie ; et si celui-ci n'arrivait pas à ce signal, le premier enterrait cette proie aussi bien qu'il le pouvait. » Ce malheureux croyait très-sincèrement à ce récit, et les juges qui l'interrogèrent le firent brûler en toute sécurité de conscience, après l'avoir fait condamner sur sa propre déposition. En 1498, le parlement de Paris s'était montré beaucoup plus raisonnable en cassant un arrêt rendu par le lieutenant criminel d'Angers contre un habitant de Maumusson, près Nantes, qui prétendait avoir erré pendant plusieurs années sous la forme d'un loup, et en envoyant ce pauvre diable à l'hôpital Saint-Germain des Prés où il fut traité comme maniaque.

Nous n'insisterons pas plus longtemps sur les faits de ce genre. Les nombreuses études auxquelles les philosophes et les médecins[1] se sont livrés de

1. Voy. Brière de Boismont, *Des hallucinations*. Paris, 1845, in-8.

notre temps ne laissent aucun doute sur la puissance avec laquelle le rêve, dans l'extase, l'hallucination et la folie, prend les apparences de la réalité,
et combien les illusions de l'esprit réagissent sur
les illusions des sens. On voit dès lors comment
une foule d'aventures plus ou moins extraordinaires, n'étaient en réalité que des hallucinations,
des idées fixes, transformées par l'imagination de
certains hommes en faits apparents et tangibles.
Qu'on admette ensuite la contagion de l'hallucination, contagion qui n'est pas moins irrécusable
que les effets de l'hallucination elle-même, qu'on
fasse en même temps la part des phénomènes naturels que la science n'avait point encore constatés
ou vérifiés, et l'on comprendra avec quelle facilité
les erreurs les plus étranges ont pu s'accréditer.

XXI.

De quelques hommes célèbres accusés de sorcellerie. — Virgile, Roger Bacon, Albert le Grand, les papes. — Réaction
contre la sorcellerie, provoquée par le procès de Jeanne
d'Arc.

Contagieuse comme l'hallucination, la crédulité
qui transformait en œuvres magiques les faits les
plus simples, transformait également en sorciers
les hommes qui par leur génie ou leur science s'é-
levaient au-dessus du vulgaire. Orphée, Amphion,

Zoroastre, Pythagore, Démocrite, Socrate, Aristote, Numa Pompilius, dans l'antiquité païenne, sont réputés sorciers. On disait même que ce dernier, pour rédiger ses lois, avait recours à l'hydromancie, et qu'à l'aide de conjurations magiques, il en avait fait apparaître tous les articles dans un baquet d'eau qui en reflétait le texte comme un miroir. Cham et Moïse furent également regardés comme des magiciens. Jésus-Christ lui-même fut traité de magicien par les ennemis de sa divinité, qui allèrent jusqu'à dire que, pour opérer ses miracles, il consultait les heures astrologiques. Apollonius de Tyane, Simon, Porphyre, Jamblique, jouirent dans les premiers siècles de notre ère d'une immense réputation à cause des prodiges qu'on leur attribuait. Quelques Pères de l'Église même, avant que la foi n'eût touché leur cœur, approchèrent leurs lèvres, disent les hagiographes, de ces sources empoisonnées. Saint Cyprien d'Antioche entre autres, voulut s'initier aux sciences infernales; mais convaincu bientôt de la faiblesse des démons il se dégoûta de son art; et comme il faisait des reproches au diable de son impuissance, celui-ci le renversa par terre et s'efforça de le tuer[1].

Virgile complétement défiguré était devenu un petit homme bossu et laid, qui s'occupait de toute

___
1. Voy., pour plus amples détails, dom Remi Cellier, *Histoire des auteurs ecclésiastiques*, t. IV, p. 89.

autre chose que de vers, et qui n'avait plus guère de commun avec le divin poëte que de porter le même nom, d'avoir demeuré à Rome et d'être enterré aux environs de Naples. Ce néo-Virgile, très-souvent cité dans les romans de chevalerie, appliquait principalement sa science infernale à la mécanique, à l'architecture, aux beaux-arts. En se transformant il était resté artiste ; car on sait qu'il fit une lampe inextinguible, un pont très-long qui se soutenait sans arches, en un mot un véritable pont suspendu, une tête d'airain qui annonçait l'avenir, une mouche du même métal qui débarrassait les maisons des véritables mouches, un œuf sur lequel était bâtie une ville entière qui s'écroulait quand on remuait l'œuf, et l'instant d'après se rebâtissait d'elle-même, etc.

L'une des périodes les plus curieuses de l'histoire des sciences occultes est, sans contredit, l'époque qui s'étend du Iᵉʳ au IIIᵉ siècle de notre ère. Une transformation profonde s'opère dans l'esprit des païens eux-mêmes, de ceux que n'a point encore touchés la lumière de la religion nouvelle. Cette voix mystérieuse, qui courait le long des rives de la mer Égée : *Le grand Pan est mort*, semble annoncer qu'un âge nouveau va commencer pour le monde ; aux antiques légendes du paganisme, s'ajoutent des légendes philosophiques et populaires qui sont comme la source des traditions merveilleuses du moyen âge. Une foule d'illuminés réclament pour eux-mêmes le pouvoir qui échappe aux dieux détrônés de l'Olympe. Les enchanteurs, les devins, les sorciers, ont de nombreux précurseurs. La magie s'allie encore avec la philosophie et la science antiques, en même temps qu'elle cherche à opposer ses mensonges aux miracles de la foi nouvelle. Deux hommes, au premier siècle de notre ère, représentent cette double tendance, nous avons nommé Apollonius de Tyane et Simon le Magicien.

Simon, contemporain des apôtres, avait acheté à Tyr une femme perdue, nommée Hélène ; il disait que cette femme était la créatrice des anges, qu'elle était descendue sur la terre en passant de ciel en ciel ; que quant à lui, il n'avait que la figure de l'homme, qu'il était le vrai Messie, et pour séduire les peuples, il opposait aux miracles du Christ des enchantements et des sortilèges. Il se vantait de pouvoir rappeler des enfers les âmes des prophètes, de voler à travers les airs ; il disait qu'il s'était enveloppé dans le feu, qu'il se confondait avec cet élément et ne pouvait en être consumé. Il avait, disait-il, animé, fait mouvoir et parler des statues, changé des pierres en pains ; il se rendait invisible à volonté, passait à travers les rochers, et les creusait sans employer autre chose que des mots. Il faisait naître tout à coup des arbres

chargés de fleurs et de fruits, prenait la forme de
divers animaux, et changeait de visage sans qu'il
fût possible de le reconnaître. Il racontait que sa
mère l'ayant un jour envoyé dans les champs faire
la moisson, il avait ordonné à sa faucille de mois-
sonner toute seule et qu'elle avait fait plus de be-
sogne que dix ouvriers ensemble. La foule, toujours crédule, toujours facile à tromper, acceptait
sans contrôle ces récits merveilleux, et on racontait
qu'un jour il avait dit à Néron : « Faites-moi déca-
piter, et dans trois jours je ressusciterai. » Néron,
qui aimait le sang, voulut tenter l'expérience;
mais Simon se fit remplacer par un bélier sous
forme humaine, et trois jours après, il se montra
comme s'il était ressuscité. Quelques Pères de l'É-
glise racontent que Simon étant à Rome, sous
l'empereur Néron, entreprit de voler et de monter
au ciel, et qu'en effet il vola pendant quelques
moments; mais que les apôtres saint Pierre et
saint Paul, s'étant mis en prière, le magicien fut
précipité et mourut de sa chute, ce qui n'empêcha
point, vers l'an 150, le peuple romain de lui élever
une statue contrairement aux lois de l'empire qui
condamnaient la magie et punissaient sévèrement
ceux qui s'adonnaient à ses pratiques.

Apollonius de Tyane n'avait point eu, comme
Simon, connaissance de la vraie foi. C'était un phi-
losophe pythagoricien, originaire de Tyane, ville

de Cappadoce. Après avoir pratiqué toutes les aus-
térités de la secte pythagoricienne, il entreprit de
longs voyages, visita Babylone, Taxella, capitale
des Indes, et acquit, dans le cours de ses pérégri-
nations, une renommée si grande, qu'à son entrée
à Éphèse tous les artisans quittèrent leurs travaux
pour le voir. Ce nuage fatidique, qui couronnait
dans ces âges reculés tous les hommes supérieurs,
ne tarda point à l'environner d'une auréole éblouis-
sante, et il fut considéré par le peuple comme le
plus puissant des magiciens. En effet, Philostrate
qui nous a transmis sa vie, raconte de lui des merveilles surprenantes. Il comprenait le langage des
animaux, et traduisait avec la plus grande facilité
les présages annoncés par les cris des oiseaux.
Il interprétait également les songes. Pendant un
séjour assez long qu'il fit à Syracuse, une femme
mit au monde un enfant à trois têtes. Ces mon-
struosités humaines faisaient toujours alors une
sensation très-vive. Tous ceux qui expliquaient
les prodiges furent consultés ; mais leur science fut
impuissante. Apollonius n'eut qu'à jeter les yeux
sur l'enfant pour expliquer le phénomène. Les trois
têtes signifiaient les trois prétendants à l'empire :
Galba, Othon et Vitellius. Un démon, d'un caractère méchant et dissimulé, étant entré dans le
corps d'un jeune garçon, Apollonius l'en chassa
en lui adressant une lettre pleine de menaces. Une

autre fois il guérit un tueur de lions qui avait été blessé à la cuisse, en combattant un de ces animaux, par la seule apposition des mains sur le membre blessé. Il enseignait aux femmes à enfanter sans douleurs, en cachant sous leurs vêtements un lièvre vivant. Il leur enseignait également à préserver leurs enfants de l'intempérance en leur faisant manger des œufs de hibou avant qu'ils aient bu de vin.

Apollonius était tout à la fois devin et nécromancien. A Pergame, sur les ruines de Troie, il passa la nuit sur le tombeau d'Achille, et par le moyen d'un sortilége, qu'il avait appris dans l'Inde, il évoqua l'âme du héros, et eut avec cette âme une très-longue conversation. A Éphèse, il annonça l'approche d'une peste et d'un tremblement de terre; il se trouvait encore dans cette ville au moment même de la mort de Domitien, et l'on raconte qu'il s'arrêta tout à coup au milieu d'une discussion publique, et s'écria : « C'est bien fait! Stéphanus, courage, tue le tyran. » Ensuite, après un moment de silence, il reprit: « Le tyran est mort, il est tué en ce moment même. »

Apollonius n'était pas moins habile dans la pratique de cette médecine merveilleuse qui guérissait avec des mots. Dans la ville de Tarse, un chien enragé avait mordu un jeune homme, et celui-ci s'était mis à faire comme les chiens, à aboyer et

à marcher à quatre pattes. La famille du jeune
homme était désespérée de cet accident, et sur la
grande réputation d'Apollonius, elle le pria de
guérir cette maladie étrange. Celui-ci demanda où
était le chien, on lui dit qu'il se tenait ordinairement auprès d'une fontaine, et que là, toujours
altéré et n'osant jamais boire, on le voyait s'agiter
sans cesse avec des mouvements convulsifs. « Qu'on
me l'amène, » dit le magicien. L'ordre fut exécuté;
le chien en voyant Apollonius, s'approcha de lui
dans l'attitude d'un suppliant et avec des gémis-
sements. Celui-ci le caressa et, se faisant amener
le jeune homme qui avait été mordu, il ordonna à
l'animal de lécher la plaie qu'il avait faite. La guérison fut instantanée. Quant au chien, il le conduisit sur le bord du fleuve qui traversait la ville,
et lui ordonna de le passer à la nage. Le chien,
toujours docile, obéit encore, et quand il eut touché
l'autre rive, il se mit à courir, à aboyer, à re-
dresser les oreilles et à remuer la queue, car il
était joyeux de se sentir guéri.

Nous avons insisté sur ces détails parce que Simon le Magicien et Apollonius sont célèbres entre
tous les faiseurs de prodiges, et que tous deux, au
seuil même du moyen âge, sont comme le type et la
souche originelle de cette double race qui se per-
pétue à travers les légendes, l'une s'adressant,
comme Simon, au génie du mal, pour faire le

mal; l'autre, comme Apollonius, cherchant dans une science supérieure le pouvoir d'adoucir les maux de l'humanité, et d'étendre la puissance de l'homme au delà des limites imposées à sa faiblesse; en un mot, le sorcier et l'enchanteur.

Pour épuiser la liste de tous les hommes célèbres, il faudrait pour ainsi dire citer les noms de tous ceux qui, dans les arts, la médecine, les sciences, la philosophie, ont fait faire au moyen âge quelques progrès à l'esprit humain. Ce qui contribua puissamment à corroborer cette croyance, c'est que les sciences comme les arts technologiques s'enveloppèrent toujours, à ces époques de ténèbres, d'un certain mystère; que leurs formules étaient considérées comme des secrets, et que souvent on ne les communiquait qu'à un petit nombre d'initiés, ce qui sans aucun doute fit perdre une foule de découvertes précieuses. L'illustre Roger Bacon ne parut à la plupart de ses contemporains qu'un sorcier vulgaire. Il en fut de même des encyclopédistes Thomas d'Aquin, Albert le Grand, Raymond Lulle, car on ne pouvait comprendre qu'un homme parvînt sans le secours du diable à embrasser l'universalité des connaissances humaines.

On voit par le grand nom de saint Thomas, que les théologiens n'étaient pas plus épargnés que les savants; et les papes à leur tour furent accusés comme les théologiens. Ces papes sont Sylvestre II, Benoît IX, Jean XX, Jean XXI, Grégoire VII, et Léon III, six en tout. Les communications que Sylvestre II (Gerbert) avait eues avec les Arabes, et les connaissances qu'il leur devait, attirèrent sur lui les soupçons les plus absurdes, et on alla jusqu'à l'accuser de ne s'être élevé à la papauté qu'en se vendant au diable, en un mot d'avoir échangé son âme pour la tiare. Des reproches du même genre furent adressés à Grégoire VII, et ce qu'il y a de curieux, c'est que ces reproches ont fait le sujet d'un livre écrit par un grand dignitaire de l'Église, le cardinal Beno.

Toutes les absurdités que peut rêver une imagination en délire sont entassées dans les biographies légendaires des prétendus sorciers, et nous recommandons aux personnes curieuses du fantastique l'histoire du docteur Faust, de ce même Faust que le génie de Gœthe devait emprunter aux démonographes, pour en faire un des types les plus grandioses de la poésie moderne. Fils d'un paysan des environs de Weimar, Jean Faust, né au commencement du xvie siècle, après avoir étudié la théologie et la médecine, se livra exclusivement à la magie, et devint pour les Allemands l'idéal du sorcier. Faust, qui excellait à conjurer le diable, avait asservi à ses ordres, par un pacte de vingt-quatre ans, un démon nommé Méphistophélès. A l'aide de ce démon, il descendit aux enfers, parcourut les sphères célestes et toutes les régions du monde sublunaire. Il eut un commerce de galanterie avec Hélène, femme de Ménélas, qu'il avait rappelée de l'autre monde pour s'assurer de sa beauté. Il fit apparaître Alexandre le Grand devant Charles-Quint, et pour terminer convenablement son infernale existence, il eut à l'expiration de son pacte le cou tordu par le diable[1].

La plus célèbre comme la plus cruelle de ces accusations de magie est sans contredit celle qui fut portée contre Jeanne d'Arc, ce miracle vivant de notre histoire, cette figure presque divine, qui semble grandir encore chaque jour à la distance des siècles, et qui représentera désormais pour tous les âges, comme pour tous les peuples, le symbole de l'héroïsme élevé par la foi à son dernier degré de puissance. Les détails du procès de cette sainte et noble fille sont trop connus pour qu'il soit besoin de les rapporter ici, même en ce qui se rattache directement à notre sujet. Mais ce que nous tenons à constater, ce que personne jusqu'ici n'a remarqué, c'est que de ce procès date en France et en Europe une ère nouvelle dans l'histoire de la sorcellerie; le doute se manifeste pour la première fois. L'évidente absurdité des re-

1. Voy. l'*Histoire prodigieuse et lamentable du docteur Faust avec sa mort espouvantable.* Paris, 1603, pet. in-12.

proches dont Jeanne fut l'objet, la grandeur de sa
raison quand elle réfuta ces calomnies grossières,
son amour du pays et sa foi, démontrèrent à tous
les esprits qui gardaient quelque notion du bon
sens qu'il était possible dans ce monde de faire de
grandes choses sans l'intervention du diable. Les
écrivains qui s'efforcèrent de la justifier du repro-
che d'avoir été sorcière, en arrivèrent nécessaire-
ment à se demander ce que c'était que la sorcellerie, et tandis que, d'un côté, il y avait une
véritable recrudescence de crédulité, de l'autre il se
formait une école investigatrice qui devait about-
tir au remarquable livre de Naudé, *Apologie des
grands hommes accusés de magie*, mais il s'écoula
près de quinze siècles, à dater de notre ère, avant
que cette école se fût formée ; et si en demandant
plus haut ce qu'avait fait la raison, nous avons pu
dire justement qu'elle s'était inclinée, nous pouvons
dire ici plus justement encore qu'elle avait abdiqué
complétement.

XXII.

Dispositions diverses de la législation, relatives à la sorcellerie.
— Lois romaines. — Lois barbares. — Lois ecclésiastiques. —
Influence des hérésies du xiie et du xiiie siècle sur la démo-
nologie. — La sorcellerie est dévolue à l'inquisition.

On conçoit que, du moment où certains hommes
étaient investis par la tradition universelle d'un

pouvoir aussi grand, et surtout aussi malfaisant
que celui des sorciers, la société se soit crue sérieu-
sement menacée, et qu'elle ait pris, pour se défendre, les plus grandes précautions. On conçoit également que l'Église, outragée dans sa foi, se soit
armée d'une réprobation sévère. Cette réprobation
était légitime ; mais comme en semblable matière,
les délits étaient le plus souvent imaginaires, la
répression atteignit une foule de victimes innocentes, et les châtiments furent presque toujours d'une
effroyable rigueur.

L'antiquité elle-même avait compris le danger
qui pouvait résulter d'une science ténébreuse dont
le but était de changer l'ordre éternel de la nature ; elle avait reconnu que les maléfices et les
philtres cachaient souvent de véritables empoisonnements ; que ceux qui, à côté des oracles et des
prêtres, se mêlaient de prédire l'avenir par l'évocation des morts n'étaient que des charlatans qui
cherchaient des dupes ; et tout en admettant une
espèce de magie, moitié scientifique, moitié religieuse, elle poursuivit avec sévérité les adeptes
des sciences occultes, qu'on désignait alors sous
le nom de mathématiciens. Une loi de Constantin, promulguée en 321, établit nettement la distinction entre les deux sciences, en admettant
que certains magiciens peuvent rendre de véritables services, guérir les maladies, conjurer les

vents, et que, dans ce cas, il faut les laisser faire ; mais bientôt Constance frappa d'une même réprobation tous les adeptes des sciences occultes. Il leur imposa un *silence éternel*, et par une loi promulguée en 358, il condamna les magiciens et les Chaldéens à être déchirés avec des ongles de fer. Les codes barbares les proscrivirent également, et le chapitre LXVII de la loi salique porte que les sorcières qui dévoreront des hommes seront condamnées à huit mille deniers d'amende.

Les Pères de l'Église, persuadés que la magie était l'héritière directe des rites et des impuretés du paganisme, se montrèrent aussi pour elle d'une grande sévérité. Les conciles d'Ancyre et de Laodicée frappèrent les sciences occultes d'anathèmes, mais en punissant seulement par la pénitence et des peines spirituelles ceux qui se livraient à des maléfices. Dès ce moment, la législation civile et religieuse fut nettement établie, et la pénalité seule se modifia suivant les temps. Charlemagne, dans ses Capitulaires, s'inspirant des lois romaines, des lois barbares, des canons des conciles, déclara les magiciens des hommes exécrables. Jusqu'au XIII⁰ siècle, les condamnations furent peu nombreuses, et beaucoup moins sévères qu'elles ne l'ont été depuis. Charlemagne, tout en ordonnant qu'on se saisît des sorciers, ne veut pas qu'on les fasse périr, et il recommande seulement qu'on les tienne en prison, afin qu'ils s'amendent. On voit même, en 936, le pape déclarer solennellement que, quoique les devins, les enchanteresses et les sorciers soient condamnés à mort par l'ancienne loi, les juges ecclésiastiques doivent cependant leur sauver la vie, pour qu'ils puissent faire pénitence. Cette indulgence, trois siècles plus tard, fit place à la plus inexorable sévérité.

Jusqu'à la fin du XII⁰ siècle, les hérésies, en France, avaient été avant tout philosophiques; mais, à cette époque, elles s'imprégnèrent d'une foule de superstitions, qui semblent en certains points reproduire les doctrines orientales. Les vaudois et les albigeois, qui furent considérés comme les descendants directs des manichéens, admettaient comme eux l'existence de deux principes, entièrement indépendants, qui se partageaient le gouvernement du monde. Bardesanes, Manès, Priscillien, semblaient renaître dans les sectes que nous venons de nommer. Ces sectes, en élevant le diable jusqu'à l'idée de cause, en firent le vice-roi tout-puissant de ce monde; elles partagèrent leurs adorations, et l'importance que prit alors la sorcellerie fut une conséquence de leurs doctrines. L'Église, qui retrouvait là d'antiques erreurs, s'arma d'une rigueur nouvelle. Elle enveloppa dans une même proscription les hérétiques et les sorciers, et pour punir des crimes qui re-

montaient jusqu'à Dieu, on recourut aux supplices
que Dieu lui-même imposait aux réprouvés : on
brûla ceux que l'on regardait comme coupables
d'hérésie et de sorcellerie. Une juridiction nouvelle, celle de l'inquisition, fut institutée pour
connaître de ces crimes, et une bulle du pape In-
nocent VIII signala les sorciers à la sévérité des
inquisiteurs. « Nous avons appris, dit cette bulle,
qu'un grand nombre de personnes des deux sexes
ne craignent pas d'entrer en communication avec
le diable, et que par leurs sorcelleries elles frap-
pent également les hommes et les animaux, ren-
dent les mariages stériles, font périr les enfants
des femmes et les petits des bestiaux, flétrissent les
blés, les jardins, les fruits et l'herbe des pâturages. » Par ces motifs, les inquisiteurs furent armés
de pouvoirs extraordinaires. Les juges civils les
secondèrent dans l'œuvre de la répression. Les bûchers s'allumèrent, et les sorciers, ou ceux que
l'on regardait comme tels, furent immolés par
centaines. Déjà, dès les premiers siècles de notre
ère, le juif Philon avait dit que leur mort ne doit
pas être différée d'un instant ; qu'il faut les tuer,
« comme on écrase les serpents, les scorpions,
et autres bêtes venimeuses, avant qu'elles aient
fait un mouvement pour mordre. » Le moyen âge
suivit à la lettre cette recommandation cruelle, et
quand Voltaire dit qu'on a brûlé en Europe plus

de cent mille sorciers, il est sans aucun doute resté bien au-dessous du chiffre véritable.

XXIII.

Procès de sorcellerie au xiv⁰ et au xv⁰ siècle. — Affaire des vaudois d'Arras. — Contradiction expliquée par une absurdité.

Au xiv⁰ et au xv⁰ siècle, on voit les procès de sorcellerie se multiplier d'une manière extraordinaire, principalement en Espagne et en Italie. Les accusés appartiennent à toutes les classes de la société, aux plus éclairées comme aux plus ignorantes, et les membres du clergé ne sont pas même épargnés.

Pierre d'Albano, écrivain italien et savant fort distingué, fut accusé d'avoir appris les sept arts libéraux par le secours de sept démons. On voulut le convaincre d'avoir enfermé ces sept démons dans une grosse bouteille qu'on trouva chez lui remplie d'une mixtion de sept drogues différentes. Il fut mis en prison à l'âge de quatre-vingts ans ; on lui fit son procès, mais il mourut avant le jugement ; et comme il n'avait point été condamné, on l'enterra d'abord dans l'église Saint-Antoine de Padoue. Bientôt les inquisiteurs le firent déterrer, et, par leur ordre, on brûla ses os dans la grande place.

En 1453, le prieur de Saint-Germain en Laye, Guillaume Édeline, docteur en théologie, fut accusé de s'être donné au démon dans l'intention de posséder une femme dont il était vivement épris, et de s'être trouvé souvent au sabbat. La sentence fut prononcée à Évreux; mais protégé qu'il était par sa qualité de prêtre, il en fut quitte pour une prison perpétuelle, et le pain et l'eau pour toute nourriture.

Ce fut surtout dans les procès intentés aux vaudois que se révélèrent en France la sottise et la cruauté des lois, la crédulité des juges et la perversité de certains hommes qui exploitaient dans un intérêt de vengeance et de fortune l'ignorance et la méchanceté de leurs contemporains. Les vaudois du xvᵉ siècle sont mentionnés pour la première fois dans une bulle du pape Eugène IV donnée à Florence le 10 avril 1439. Eugène accuse Amédée VIII, duc de Savoie, que le concile de Bâle venait d'élire pape, après l'avoir déposé lui-même, de s'être laissé séduire par des *sorciers*, *frangules*, *straganes* ou *vaudois*, et de s'être servi de leur aide pour l'exécution de ses coupables projets. Voici ce que dit Monstrelet :

« Le duc, le prince et l'ouvrier de toute cette néphande œuvre a esté ce très desloyal Sathan Asmodus, jadis duc de Savoye, lequel jà piéçà a ces choses prémedictées en son couraige et a esté acerténé de plusieurs fauches prenostications et sorceries de plusieurs inexcécrés et maulditz hommes et femmes, lesquelz ont délaissé leur Sauveur derrière et se sont convertiz aprez Sathan, séduitz par illusion de dyables, lesquelz en commun langage sont nommées sorceries, frangules, straganes ou *vaudoyses*, desquelz on dit en avoir grant foison en son pays. Et par telles gens, jà passé aulcuns ans, a esté séduyt tellement que affin que il peust esleue estre ung chief monstrueux et difforme en l'Église de Dieu, il print ung habit de hermite, etc. »

Les accusations de vauderie se multiplièrent bientôt avec une extrême rapidité, principalement au nord de la France, en Flandre et en Picardie. Dans un chapitre général des frères prêcheurs tenu à Langres en 1459, un nommé Robinet de Vaulx, natif de Hébuterne, en Artois, condamné au feu comme vaudois ou sorcier, car les deux noms étaient synonymes, signala un grand nombre de personnes comme coupables du même délit. De nouvelles arrestations furent faites, et les vicaires de l'évêque d'Arras, voyant que le nombre des accusés augmentait dans une proportion effrayante, et de plus que les faits étaient loin d'être prouvés, furent d'avis d'abandonner les poursuites. Jacques Dubois, docteur en théologie, et l'évêque Jean Faulconnier, soutinrent au contraire la culpabilité, et prétendirent que « aussitôt qu'un homme estoit print et accusé pour ladicte vaulderie, on ne les debvoit aider ny secourir, feust père, mère, frère ou quelque autre proche parent ou amy, sous peine d'estre prins pour vaudois. » Ces doctrines prévalurent. La pitié fut interdite; on nomma des commissions composées de clercs, de moines et de jurisconsultes, on amena les accusés, la tête couverte d'une mitre, sur un échafaud au milieu de la cour du palais épiscopal; et là, l'inquisiteur Pierre Broussard leur reprocha d'avoir assisté au sabbat. On les soumit ensuite à la torture, et quand on leur demanda si les faits allégués contre eux étaient réels: vaincus par la douleur, ils répondirent que oui. Peu de jours après on les brûla, et tous, en mourant, protestèrent de leur innocence. L'année suivante, en 1460, de nouvelles exécutions eurent lieu. Mais en 1461 le nouvel évêque, Jean Geoffroy, qui pendant toutes ces scènes lugubres avait été absent de sa ville épiscopale, y revint enfin pour mettre un terme à ces cruautés; il désapprouva vivement la conduite des juges; le parlement s'intéressa dans l'affaire; on relàcha les prétendus vaudois qui se trouvaient encore en prison, et trente ans plus tard, le 10 juillet 1491, la mémoire des malheureuses victimes de cette odieuse persécution fut solennellement réhabilitée au lieu même où elles avaient subi le dernier supplice[1].

1. F. Bourquelot. *Les vaudois au* xv*e siècle*, in-8° de 32 pages.

Ici se présente naturellement cette question qui ressort de la nature même des accusations dont les sorciers étaient l'objet : comment des hommes qui avaient asservi les éléments, qui se transportaient par les airs avec la rapidité de la pensée, et dont le diable lui-même s'était fait l'esclave complaisant, comment de pareils hommes pouvaient-ils se laisser prendre, ou comment une fois pris n'échappaient-ils point à la prison, et par cela même au supplice? Il y avait là, pour ceux qui croyaient au pouvoir des sorciers, un fait embarrassant; mais le moyen âge avait toujours une réponse prête pour toutes les absurdités, et les juges aussi bien que la foule ignorante étaient persuadés que du moment où le sorcier se trouvait dans les mains de la justice, le diable l'abandonnait aussitôt; qu'il pouvait bien, pendant la durée du procès, lui donner quelques conseils, mais qu'il était tout à fait impuissant à le sauver. L'absurdité de l'accusation se trouvait ainsi sauvegardée par une absurdité nouvelle.

XXIV.

La sorcellerie au xvi⁰ siècle. — Scepticisme et crédulité de cette époque. — Les diableries de Luther. — Poursuites nombreuses. — Causes de ces poursuites. — Interrogatoires, aveux et supplices. — Sorciers emportés par le diable.

Le xvi⁰ siècle, que l'on est convenu de regarder

comme une époque d'affranchissement pour l'esprit
humain, se montra, en ce qui touche les sciences
occultes, plus crédule et aussi cruel que les siècles
précédents. Le nombre des sorciers s'accrut par
toute l'Europe dans une proportion considérable;
et les traités de sorcellerie et de démonologie qui
furent à cette date publiés dans toutes les langues
et chez tous les peuples de la chrétienté, contribuèrent à fortifier encore les erreurs populaires, chez
les catholiques aussi bien que chez les réformés.

La plupart des prédicateurs institués après l'adop-
tion des doctrines de Luther étaient en général
des hommes dépourvus d'instruction, des artisans
étrangers à toute espèce de science et de littérature. Au lieu de combattre la sorcellerie, ils contribuèrent encore à la propager dans les sectes
nouvelles, et Luther lui-même leur donna l'exemple. Les sympathies de l'orgueil et de la révolte
rapprochent le démon et le réformateur, et pour
le moine de Worms il semble que le monde ne
soit qu'une immense diablerie : il tient avec le
diable des conférences théologiques; et il arriva
même un jour que Luther, ne sachant que répondre aux arguties de son adversaire, lui lança, à défaut de raisonnements et de textes, son écritoire à la
figure; on montra longtemps dans la chambre célèbre de la Wartbourg une large tache d'encre qui
rappelait la dispute. Dans ce grand siècle du scepti-

cisme, qui est aussi le grand siècle de la crédulité, Satan se relève de son antique déchéance, et il vient d'un souffle puissant éteindre les lueurs tremblantes de la raison, comme autrefois il éteignait les lampes dans le cloître de Cîteaux.

Ainsi qu'au temps de Salvien, le diable est partout avec·son cortége de sorciers. Au nord et au midi, en Italie, en Espagne, en France, en Angleterre, la ronde échevelée du sabbat emporte dans son tourbillon fantastique les adorateurs de Satan. Les bûchers brûlent sans s'éteindre. En quelques années, le seul électorat de Trèves vit périr plus de six mille de ses habitants. En Angleterre, un enfant de cinq ans fut accusé de tourmenter ceux que lui désignaient les initiés, et des gens qui s'imaginaient avoir été mordus par lui montraient sur leur corps les marques de ses dents. Les animaux mêmes ne furent point épargnés, et l'on pendit un chien pour crime de sorcellerie.

En France, la persécution fut incessante et sans miséricorde. Pierre de Lancre, magistrat au parlement de Bordeaux, devint conseiller d'État pour avoir envoyé à la mort, dans le pays de Labourd, environ cinq cents malheureux, qui furent tous brûlés. Un conseiller du duché de Lorraine, Nicolas Rémi, dit avec un certain orgueil, en résumant ses services : « Je compte que depuis quinze ans que je juge à mort en Lorraine, il n'y a pas eu moins de neuf cents sorciers convaincus envoyés au supplice par notre tribunal. » Il existait, dit-on, à Paris, sous le règne de Charles IX, plus de trente mille individus qui s'occupaient de sorcellerie. En 1515, cinq cents sorciers furent exécutés à Genève dans le cours de trois mois. Un millier périrent en une année dans le diocèse de Côme, et, plus tard, dans le même diocèse, on en brûla une centaine, terme moyen, par année.

A cette triste époque, l'art de reconnaître les sorciers, de les interroger, de les torturer, de pénétrer dans les secrets de leur science, devint, pour quelques hommes, une spécialité qui leur valut des honneurs, du pouvoir, de la renommée. De Lancre, Bodin, Delrio, Boguet, le roi d'Angleterre Jacques II, ont excellé dans les questions de sorcellerie, et l'on conçoit que du moment où ces écrivains admettaient la réalité des faits consignés dans leurs livres, ils aient cru réellement rendre un grand service à la société et à la religion en débarrassant la terre de ces malfaiteurs insignes qui la souillaient par leur présence. On peut en juger par les quinze chefs d'accusation suivants qui nous ont été conservés par Bodin, et qui tous, selon lui, méritent une *mort exquise* : 1° Les sorciers renient Dieu; 2° ils le blasphèment; 3° ils adorent le diable; 4° ils lui vouent leurs enfants; 5° ils les lui sacrifient avant qu'ils soient baptisés;

6° ils les consacrent à Satan dès le ventre de leur mère; 7° ils lui promettent d'attirer tous ceux qu'ils pourront à son service; 8° ils jurent par le nom du diable, et s'en font honneur; 9° ils commettent des incestes; 10° ils tuent les personnes, les font bouillir et les mangent; 11° ils se nourrissent de charognes et de pendus; 12° ils font mourir les gens par le poison et par les sortiléges; 13° ils font crever le bétail; 14° ils font périr les fruits et causent la stérilité; 15° enfin ils ont copulation charnelle avec le diable.

On frémit quand on voit sur quels soupçons et sur quelles preuves impossibles reposent la plupart des procès de sorcellerie. Les juges voient des coupables partout, et comme le dit avec raison Walter Scott en parlant des écrits de de Lancre, son histoire ressemble à la relation d'une guerre à outrance entre Satan, d'un côté, et les commissaires du roi de l'autre, attendu, dit le démonographe, que rien n'est plus propre à frapper de terreur le diable et tout son empire qu'une commission armée de tels pouvoirs. La simple accusation équivalait la plupart du temps à un arrêt de mort, car il était toujours impossible de prouver qu'on n'avait point de rapports avec Satan. Une épidémie venait-elle à éclater dans une ville, un orage avait-il ravagé la campagne, un paysan perdait-il ses bœufs ou ses moutons, il ne manquait jamais de

gens pour accuser les sorciers de ces malheurs.
C'était là, pour les haines et les vengeances, une
accusation commode, et c'était aussi, pour la cupi-
dité, une source féconde de profit, car, en plusieurs
pays, les biens des condamnés étaient répartis,
après confiscation, non-seulement entre les rois,
les princes, les villes, etc., mais encore entre les
dénonciateurs et les juges, et ce fait, aussi bien
que la crédulité, peut expliquer le grand nombre
des accusations[1]. Le président Hénault rapporte
que demandant à La Peyrère, auteur d'une histoire
de Groënland, pourquoi il y avait tant de sorciers
dans le nord, celui-ci lui répondit : « C'est que le
bien de ces prétendus sorciers que l'on fait mourir
est en partie confisqué au profit de ceux qui les
condamnent. »

Dans les procès pour sortiléges, l'audition des
témoins n'était qu'une formalité insignifiante, et
souvent dangereuse pour ces témoins eux-mêmes,
que l'on ne manquait pas d'accuser aussi lorsqu'ils
manifestaient le moindre doute ou la moindre
pitié. Les circonstances les plus futiles étaient
regardées comme des preuves irrécusables de culpabilité. Ainsi nous avons vu plus haut que, d'a-

---

1. Voy. *Discours des sorciers*, avec six advis en faict de sorcellerie, et une instruction pour un juge en semblable matière, par
H. Boguet, grand juge en la terre de Saint-Oyan-de-Joux. Lyon,
1610, 3ᵉ édit.

près une croyance générale, Satan, dans les initiations du sabbat, imprimait avec l'ongle du petit doigt une marque presque invisible sur le corps des néophytes. L'un des premiers soins des juges était de retrouver cette marque sur les accusés, et il suffisait souvent de la plus légère cicatrice pour être déclaré sorcier. L'insensibilité, telle qu'elle existe dans la catalepsie, et quelquefois même dans le sommeil; l'extrême abattement du regard, l'impossibilité de pleurer, étaient aussi considérés comme des témoignages irrécusables, et les faits les plus simples, traduits en faits merveilleux, prenaient de suite le caractère du crime. Nous ne citerons qu'un exemple, tiré du démonographe Boguet, exemple qui nous dispensera des autres par sa sottise et son atrocité : Un paysan, couché auprès de sa femme, s'aperçut que celle-ci était complétement immobile. Il l'appela, la tira par le bras, mais en vain; il lui sembla que le souffle même était complétement suspendu en elle, lorsqu'il la vit tout à coup, aux premières clartés du jour, se lever sur son séant, ouvrir de grands yeux, et pousser un grand cri. Le paysan, épouvanté, alla de suite raconter cet événement à Boguet. Aussitôt celui-ci fit emprisonner la femme, et trouva dans les circonstances racontées par le mari les éléments d'une accusation des plus graves. La pauvre femme eut beau protester, en attri-

buant son sommeil et son insensibilité à la fatigue
éprouvée dans le travail du jour, elle fut condamnée et brûlée.

Ce n'étaient pas seulement les hommes, mais les
démons eux-mêmes qui punissaient les sorciers.
Wier raconte qu'une sorcière d'Angleterre, pres-
sentant sa mort prochaine, dit à ses enfants : « Aujourd'hui ma charrue est parvenue à son dernier
sillon. Les diables viendront chercher mon corps
et mon âme. Je vous prie donc de prendre ce
corps, de le coucher dans une peau de cerf, de
l'enfermer dans une bière de pierre, et de serrer
le couvercle de cette pierre avec trois grandes
chaînes. Peut-être la terre ne voudra-t-elle point recevoir ma dépouille. Cependant quatre jours après
ma mort, vous me donnerez la sépulture, et pendant cinquante jours et cinquante nuits, vous ferez
dire des messes et réciter des prières. » Les enfants exécutèrent la volonté de leur mère ; le corps
fut porté dans une église, les prêtres officièrent
autour du cercueil ; mais vers la troisième nuit on
entendit tout à coup un bruit effroyable, les portes
du temple furent brisées en morceaux ; des hommes
d'une figure étrange apparurent aussitôt ; l'un
d'eux, plus grand et d'un aspect encore plus terrible que les autres, s'avança vers le cercueil, et
ordonna à la morte de se lever. Celle-ci répondit
qu'elle ne le pouvait pas à cause de la chaîne qui

liait son cercueil. « Cette chaîne sera brisée, » dit l'inconnu, qui n'était autre que le diable. La chaîne en effet fut brisée comme verre; le diable poussant du pied le couvercle de la bière, prit la morte par la main et la conduisit à la porte de l'église. Là un cheval noir, magnifiquement enharnaché, hennissait et battait la terre du pied; le démon fit asseoir le cadavre sur une selle toute garnie de pointes de fer; le cheval partit au galop. On entendit pendant deux lieues la sorcière qui criait et appelait du secours; bientôt ses plaintes se perdirent dans la nuit, et ceux qui furent témoins de cette étrange aventure ne doutèrent point qu'elle ne fût partie pour l'enfer. »

Les instruments qui servaient aux maléfices des sorciers étaient traités avec la même rigueur que les sorciers eux-mêmes; on brisait leurs anneaux, et on brûlait leurs livres. Cet usage remonte aux premiers temps de l'Église, comme on le voit par l'exemple de saint Paul, qui brûla dans la ville d'Éphèse une masse considérable de volumes magiques représentant une valeur de cinquante mille livres d'argent.

XXV.

Le licencié Torralba. — Des procès de sorcellerie et de la croyance aux sorciers depuis le xvi⁰ siècle jusqu'à nos jours.

Vous le connaissez tous, ce licencié fameux, car

don Quichotte en parlait avec Sancho lorsque, monté sur Chevillard, il entreprenait de détruire l'enchantement qui avait couvert de barbe le menton des dames du château du duc. « Souviens-toi, disait le chevalier de la Manche, que les diables emportèrent Torralba dans l'air, à cheval sur un roseau, les yeux bandés; qu'il arriva à Rome en douze heures, où il descendit à la tour de Nona, qui est une rue de cette ville, d'où il put voir le choc et la mort du Bourbon, et que, le lendemain matin, il était déjà de retour à Madrid, où il rendit compte de tout ce qu'il avait vu. Il raconta aussi qu'étant dans les airs, le diable lui dit d'ouvrir les yeux, ce qu'ayant fait, il se vit si près du disque de la lune qu'il aurait pu la toucher de la main, et qu'il n'osa point tourner ses regards sur la terre, crainte de s'évanouir. »

Célèbre entre tous les sorciers de l'Espagne, Torralba a raconté lui-même sa vie aux inquisiteurs qui furent chargés de le poursuivre, et nous la raconterons d'après lui-même, parce qu'elle offre dans l'espèce une variété particulière, et qu'elle montre que, si pour de malheureux hallucinés, la sorcellerie était un rêve dangereux, elle pouvait aussi quelquefois, pour des intrigants habiles, devenir, en dépit des inquisiteurs eux-mêmes, une assez bonne spéculation. Le licencié Torralba naquit dans la ville de Cuença; à quinze ans il fut attaché

au cardinal Soderini. Vers 1501, il fut reçu médecin, et se lia d'amitié avec un juif nommé Alphonse,
qui avait renoncé à la loi de Moïse pour celle de
Mahomet, à laquelle il renonça bientôt pour se faire
chrétien, et revenir ensuite par une nouvelle évo-
lution à la religion naturelle. Alphonse fit faire
à Torralba la connaissance d'un certain moine do-
minicain, nommé frère Pierre, lequel, à son tour,
le mit en rapport avec un esprit élémentaire nommé Zéquiel, que nul autre esprit n'égalait dans la
connaissance de l'avenir et des choses cachées. Zéquiel, sur l'invitation de frère Pierre, apparut sous
la figure d'un jeune homme blanc et blond, vêtu
d'un habit couleur de chair et d'un surtout noir.
Il dit à Torralba : « Je serai à toi pour tout le temps
que tu vivras, et te suivrai partout où tu seras
obligé d'aller. » Depuis ce temps, l'esprit tint sa
promesse ; il apparut à son protégé aux différents
quartiers de la lune, et lui enseigna les secrets
merveilleux propres à la guérison des maladies. Il
lui apprit en même temps à connaître l'avenir par
l'inspection des mains, ce qui fit au licencié une
grande réputation et le mit en rapport avec les
principaux personnages de son temps. Torralba se
trouvait, en 1510, à la cour de Ferdinand le Ca-
tholique, lorsque Zéquiel le chargea de dire à ce
prince qu'il recevrait bientôt une nouvelle dés-
agréable. Le lendemain on apprit par un courrier

d'Afrique, la défaite de l'expédition entreprise contre les Maures, et la mort de don Garcie de Tolède, fils du duc d'Albe, qui commandait l'armée espagnole. Une autre fois, Torralba prédit à l'archevêque Ximenès de Sisneros, qu'il parviendrait à être roi, ce qui se vérifia, au moins quant au fait, puisqu'il fut gouverneur absolu de toutes les Espagnes et des Indes. En 1513, Torralba, qui se trouvait alors à Rome, eut envie de voir un de ses amis intimes dont la résidence était Venise. Zéquiel, qui connut son désir, le mena dans cette ville et le ramena à Rome en si peu de temps que les personnes qui faisaient sa société habituelle ne s'aperçurent point qu'il leur eût manqué.

Le 5 mai 1525, Zéquiel dit au licencié que le lendemain la ville de Rome serait prise par les troupes de l'empereur. Le licencié pria l'esprit de le conduire dans la capitale du monde chrétien pour être témoin de ce grand événement. Zéquiel y consentit ; il remit à son affidé un bâton plein de nœuds en lui disant : « Ferme les yeux, ne t'effraye pas, prends ceci dans ta main, et il ne t'arrivera rien de fâcheux. » Ils se trouvèrent bientôt à Rome. C'est à cet événement que don Quichotte fait allusion. Après avoir assisté à toutes les péripéties de la prise de cette ville, ils revinrent à Valladolid en une heure et demie. Torralba publia tout ce qu'il avait vu, et comme on ne tarda pas à apprendre à la cour la nouvelle de tous les événements qui venaient de s'accomplir en Italie, la réputation du licencié, qui était alors médecin de l'amiral de Castille, se répandit dans toute l'Espagne, et on le proclama le plus grand nécromancien, le plus grand sorcier, le plus habile devin qui eût encore existé.

Jusqu'à ce moment, Torralba en exploitant habilement les connaissances surhumaines de son lutin Zéquiel, était parvenu à se faire un nom célèbre, à ramasser de grosses sommes d'argent, à se donner auprès des grands, importance et crédit. Il n'avait oublié qu'une chose, c'est qu'il fallait, un jour ou l'autre, compter avec l'inquisition. Après avoir subi une détention de trois ans dans les prisons du saint-office, il fut arrêté au commencement de l'année 1528, et, après un an d'information, il fut décrété que Torralba serait appliqué à la question autant que son âge et sa qualité pouvaient le permettre, afin de savoir quelle avait été son intention en recevant et en gardant auprès de lui l'esprit Zéquiel; s'il croyait fermement que ce fût un mauvais ange, s'il avait fait un pacte pour se le rendre favorable, quel avait été ce pacte, comment s'était passée la première entrevue, si alors, ou depuis ce jour, il avait employé la conjuration pour l'invoquer, etc. Le licencié ne s'effraya point, il donna des détails précis qui ne

permirent point aux inquisiteurs de douter de
l'existence de Zéquiel, et ils suspendirent la con-
damnation pendant l'espace d'un an, pour se
donner la gloire d'amener à une éclatante conver-
sion un sorcier si fameux. Frère Augustin Barragan,
prieur du couvent des dominicains de Cuença, et
Diègue Manrique, chanoine de la cathédrale de la
même ville, furent chargés de préparer la récon-
ciliation de l'accusé avec l'Église. Celui-ci répondit
aux exhortations des deux prêtres qu'il se repentait
beaucoup de toutes ses fautes; mais que, quant
aux conseils qu'on lui donnait, de s'interdire toute
communication avec l'esprit Zéquiel, la chose n'é-
tait pas en son pouvoir attendu que cet esprit était
beaucoup plus puissant que lui; que du reste il
consentait à ne plus l'appeler, et qu'il s'engageait
à n'écouter à l'avenir aucune de ses propositions.
Les inquisiteurs se contentèrent de la réponse, et
l'amiral de Castille aidant, le licencié fut bientôt
mis en liberté. Le procès de Torralba fut longtemps célèbre en Espagne où Zéquiel est encore
populaire, et un historien moderne, en racontant
toutes les péripéties de cette affaire célèbre, dit
qu'on ne sait ce qui doit le plus étonner, ou la
crédulité et l'ignorance des inquisiteurs et des con-
seillers du saint-office, ou l'audace de l'accusé,
qui entreprend de faire passer ses impostures pour
des faits, malgré un emprisonnement de trois

années, et les tourments de la question. Ce même historien ajoute, avec raison, que c'est là un exemple frappant de ce que l'homme est capable d'entreprendre lorsqu'il veut attirer sur lui l'attention publique, et s'élever à la fortune et aux honneurs. L'histoire de bien des sorciers dans ce monde est en réalité la même que celle du licencié Torralba.

La torture était, pour ainsi dire, le seul mode d'information, et il résultait de là que les accusés se trouvaient toujours condamnés d'après leur propre témoignage, car ceux qui persistaient à se déclarer innocents au milieu des douleurs atroces qu'on leur faisait subir, ne formèrent jamais qu'une très-faible minorité. Il suffit de jeter les yeux sur les interrogatoires de quelques sorciers pour reconnaître qu'il n'y a là que les hallucinations de la folie, ou des réponses incohérentes arrachées par d'intolérables douleurs. Consultons, par exemple, les « faits et dicts mémorables advenus en la confession de Marie de Sains, princesse de magie. » Nous verrons Marie de Sains déclarer qu'elle avait donné son corps et son âme au diable; avait occis plusieurs petits enfants, les avait ouverts tout vifs, afin de les sacrifier au diable; en avait égorgé plusieurs, mangé le cœur à d'autres. Elle en avait volé et les avait tués pour les porter au sabbat; elle les avait premièrement étouffés. Elle en avait rôti, noyé, brûlé, bouilli, jeté dans les latrines, dans des fours échauffés, donné à manger aux loups, lions, serpents; elle en avait pendu par les pieds, par les bras, par le cou; chiqueté aucuns si menu que sel; à aucuns brisé la teste contre une muraille; escorché d'autres, assommé comme on assomme bœufs, tiré les entrailles du ventre; elle en avait lié à de gros chiens pour les écarteler, tenaillé et crucifié pour dépiter et faire déshonneur à celui qui les avait créés. Elle avait adoré le prince du sabbat, Louis Gaufridi, et cependant elle se croyait une sainte, quoiqu'elle eût mangé journellement la chair des petits enfants. Elle avait chanté en l'honneur de Lucifer le psaume : *Laudate Dominum de cœlis*, et autres; méprisé le paradis de tout son cœur, désiré l'enfer pour son éternelle demeure; donné au démon toutes les parties de son corps, toutes les gouttes de son sang, tous ses nerfs, tous ses os, toutes ses veines, etc., etc. »

Didyme, sorcière, s'accusera de faits analogues[1] : « Le diable lui a conseillé de prendre l'habit dans un couvent pour y jeter le trouble; elle a semé des poudres dans tous les parloirs, dans les cloîtres, dans les jardins, pour que ceux qui y viendraient

---

1. Voy. *Histoire mémorable des trois possédées de Flandre*, Paris, 1628, in-8°. — La confession Maistre Jehan de Bas qui fut ars à Paris pour les arts magiques. Biblioth. imp. mss., fonds Saint-Victor, n° 515.

se rompissent le cou; le diable l'a incitée à faire devenir fous, à faire mourir subitement tous les habitants de la maison.

« Elle a mangé de la chair des petits enfants ; elle en a porté sept ou huit à la synagogue, où on les a tués; elle a mangé de la chair d'un de ces enfants, et du cœur d'autres enfants. Elle en a tué un de ses propres mains, avec un licou; c'est Béelzébuth qui le lui a commandé. — Elle a été baptisée au nom de très-méchants démons.

« Elle a donné au diable une cédule signée de son propre sang, par laquelle elle lui donnait son corps et son âme. Elle a renié Dieu, sa mère et toute la cour céleste. »

Pour échapper aux affreuses souffrances auxquelles ils étaient soumis dans la torture, les sorciers, au moyen de certaines drogues dont la recette est aujourd'hui perdue, arrivaient à un état complet d'insensibilité. Cet état est attesté par un grand nombre d'écrivains, entre autres par Laboureur, avocat du roi au bailliage de Dijon, qui, dans son *Traité des faux sorciers et de leurs impostures*, publié en 1585, dit qu'il est inutile de donner la question, à cause d'une drogue engourdissante que les geôliers vendaient aux accusés. Nicolas Eymeric, grand inquisiteur d'Aragon, dans son *Directoire des inquisiteurs*, parle également en termes formels de sorciers qui, appliqués à la torture, paraissaient insensibles. Les phénomènes de l'éthérisation donnent à ces faits un nouveau degré de vraisemblance ; mais, si les accusés parvenaient ainsi à se dérober aux douleurs de la question, ils ne se dérobaient point pour cela au supplice, — car les juges, en voyant l'adresse des bourreaux impuissante et vaincue, se rejetaient encore sur le diable, qu'ils accusaient d'être l'auteur de ce phénomène, après l'avoir accusé, toutefois, comme nous l'avons vu plus haut, d'abandonner ses disciples lorsqu'ils tombaient sous la main de la justice, — et l'insensibilité fut regardée comme la preuve la plus certaine de la culpabilité. Que pouvait-on attendre de juges comme de Lancre, comme Boguet ou comme les membres du parlement d'Aix, qui siégèrent dans le procès du curé Gaufridi ? Ces derniers entraient pour tenir séance dans la grande chambre, lorsque tout à coup on vit rouler sur le parquet, au milieu d'un nuage de poussière, un objet volumineux et noir. Messieurs de la Tournelle, épouvantés, s'imaginant qu'ils avaient affaire au diable, se mirent à fuir en criant, hormis le rapporteur, qui, embarrassé dans sa robe, s'était agenouillé en marmottant des prières. L'objet noir, à son tour, demanda pardon, et tout s'éclaircit. Le prétendu diable était un petit ramoneur qui, en train de nettoyer la cheminée, avait perdu l'équilibre ; les fugitifs se remirent en séance ; le rappor-

leur commença la lecture des pièces, et Gaufridi
fut condamné au feu, sans qu'il leur vînt à l'idée que d'autres avaient pu, comme eux, prendre
un ramoneur pour le diable.

C'est à peine si, durant de longs siècles, quelques
voix s'élevèrent pour protester contre ces cruautés
et ces folies qui infestèrent les plus beaux jours du
règne de Louis XIV lui-même. Fénelon, La Fontaine, La Bruyère, Molière, s'élèvent en plusieurs
passages de leurs écrits immortels contre l'absurde
croyance à l'astrologie judiciaire, toute-puissante
encore dans les hautes classes de la société; et,
quoique tout soit possible aux hommes en fait de
sottise et de méchanceté, on ne peut comprendre
que les procès de Loudun et de Louviers soient
contemporains de la *Méthode de Descartes*, de *Polyeucte* et de *Cinna*. La lumière, cependant, brillait
d'un éclat trop vif pour que les ténèbres de la sorcellerie ne fussent point bientôt dissipées. La
croyance absolue, qui avait été si longtemps la règle générale, devint enfin l'exception. Le parlement
donna le signal de la réaction officielle. Il demanda,
avant de condamner au feu, des preuves certaines
et évidentes. Il infirma ou modéra un grand nombre de sentences des juges inférieurs, craignant
justement, dit le père Le Brun, que certes on n'accusera pas de scepticisme, de condamner des visionnaires plutôt que des malfaiteurs; et il posa en

principe qu'on ne devait examiner les accusés que
par des voies naturelles et légitimes. En 1672, une
déclaration de Louis XIV défendit à tous les tribu-
naux du royaume d'admettre les simples accusations de sorcellerie; enfin, en 1682, une ordonnance
nouvelle réduisit les crimes de magie à des propor-
tions naturelles, en les traitant comme des impiétés
et des sacriléges. L'exemple de Louis XIV fut suivi
en Angleterre, et, là comme en France, cette date
de 1682 marque la fin des persécutions.

Depuis cette époque jusqu'à nos jours, on vit encore çà et là se reproduire quelques faits qui attes-
tent combien est puissante la persistance des traditions. En 1732, Dangis publia un traité sur la
magie, en appelant sur les sorciers la sévérité des
lois. En 1750, à Wurtzbourg, on brûla une religieuse qui se prétendait sorcière, et qui affirmait
avoir donné la mort à plusieurs personnes, quoique ces personnes vécussent encore. Des illuminés fondèrent en Allemagne une école de magie et
de théurgie, et recrutèrent de nombreux disciples; enfin, de notre temps même, le 2 décembre
1823, un arrêt de la cour prévôtale de la Marti-
nique condamna aux galères à perpétuité un nè-
gre, nommé Raymond, comme véhémentement
soupçonné d'avoir usé de sortiléges et maléfices.

Aujourd'hui la sorcellerie s'est réfugiée au fond
des campagnes, plutôt comme un souvenir que

comme une croyance encore vivace et agissante!
Les bergers en sont les derniers représentants,
comme Matthieu Laénsberg est le dernier représentant des astrologues, comme les fées sont les dernières filles des druides. Mais les fées ont perdu
leur baguette; les sorts des bergers ne changent
plus en loups les jeunes agneaux; le voyageur qui
se met en route sans manteau, sur la foi de Matthieu Laensberg, est souvent trempé par la pluie;
et ce monde fantastique dont nous venons de raconter l'histoire s'est évanoui devant les clartés de
notre âge comme le palais de Morgane aux premiers rayons du jour. Malgré son impuissance et
sa folie, la sorcellerie n'en a pas moins dominé
longtemps avec l'autorité des choses les plus vraies
et les plus saintes; elle a tenté de supplanter la
science; elle s'est révoltée contre Dieu; elle a fait
éclater au grand jour tout ce qu'il y a de folie et
de méchanceté au fond de l'âme humaine, et, de
quelque point de vue que l'on se place pour la
juger, soit du point de vue religieux, soit du point
de vue physiologique ou médical, soit même du
point de vue de la simple curiosité, elle présentera
toujours l'un des phénomènes les plus étranges,
les plus attrayants et les plus douloureux de l'histoire; un phénomène étrange, parce qu'elle montre avec quelle facilité l'erreur s'impose et persiste; douloureux, parce qu'elle laisse à travers les

siècles une trace sanglante ; attrayante, parce qu'on y voit poindre toutes les curiosités de l'esprit humain, et qu'elle cherche en dehors de toute observation positive, la solution de quelques-uns des problèmes que la science moderne a résolus. Par l'alphabet sympathique , elle veut correspondre aux extrémités du monde, et aujourd'hui le télégraphe électrique marche comme la pensée elle-même. Elle demande à l'anneau du voyageur la locomotion rapide et sans fatigue, et la vapeur plus rapidement encore que d'après les anciennes croyances l'anneau mystérieux ne le pouvait faire ; le *fulgurateur* antique veut à son gré faire tomber la foudre, et Franklin, le *fulgurateur* moderne, arrache au ciel la foudre obéissante ; enfin la sorcière volante veut se frayer un chemin à travers les airs, et le ballon, dans cette route des oiseaux, nous emporte plus loin que les aigles et plus haut que les nuages.

FIN.

TABLE.

FIN DE LA TABLE.

Imprimerie de Ch. Lahure (ancienne maison Crapelet)
rue de Vaugirard, 9, près de l'Odéon.

www.ingramcontent.com/pod-product-compliance
Lightning Source LLC
Chambersburg PA
CBHW070943100426
42738CB00010BA/1954